아이의 인생을
결정하는
공간의 힘

아이의 인생을 결정하는 공간의 힘

초판 1쇄 인쇄 2022년 9월 12일
초판 1쇄 발행 2022년 9월 20일

지은이 이 민

발행인 백유미 조영석

발행처 (주)라온아시아
주소 서울특별시 서초구 효령로 34길 4, 프린스효령빌딩 5F

등록 2016년 7월 5일 제 2016-000141호
전화 070-7600-8230   **팩스** 070-4754-2473

값 19,800원
ISBN 979-11-92072-83-8 (03370)

라온북은 독자 여러분의 소중한 원고를 기다리고 있습니다. (raonbook@raonasia.co.kr)

아이의 인생을
결정하는
공간의 힘

이 민 지음

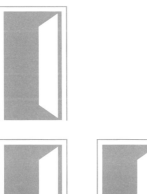

RAON
BOOK

공간력으로 육아한
엄마의 기록

"왜 공간에 관심을 갖게 되었니?"
"어릴 때 방학에 시골 할머니집에 머물면 뭔가 좋았거든요."

"기억에 남는 인상적인 공간은 어디니?"
"시골 할머니집요. 한옥이거든요."

족보처럼 내려오는 대본이 있는 것도 아니고 정답을 요하는 질문도 아니건만, 매년 신입생들 중 여러 명은 비슷한 대답을 했다. 한두 번 들었을 때는 "그런가?" 싶었는데, 한 해 지나고, 두 해 지나 그다음 해가 지나도 이런 대답을 듣게 되니 '시골, 할머니집, 한옥'과 같은 말들은 나에게 생각할 거리가 되었다.

나에게도 외갓집이 있었다. 초등학교 때 방학이면 기차를 타고 남쪽으로 내려가 방학을 맞은 사촌들과 함께 놀던 너른 마당이 딸린 전형적인 'ㄱ'자 구조의 한옥이었다.

분주한 도시, 단촐한 가족, 모든 것이 익숙한 우리 집과 달리 여러 촌수의 혈연관계로 모인 사람들, 도심의 집과는 다른 공간 구조, 나무, 돌, 풀이라는 재료, 푸른 마당, 익숙한 듯 낯선 생활 방식, 색다른 식재료와 냄새들, 서울에서는 볼 수 없었던 동네 풍경 그리고 가족들의 옛이야기까지. 그저 공간 하나만 바뀌었을 뿐인데 나는 추억이라 불리는 어린 날의 색다른 시간 한 겹을 외갓집에서 쌓았다.

어른이 되어 만난 학생들도 내가 느낀 어느 한 점의 이야기를 하고 있는 걸까? 사실 외갓집, 시골집은 유명한 건축물이나 첨단기술이 접목되어 잡지에나 나올 법한 멋진 작품이 아니다. 대단한 가치가 있어 문화재로 보호받거나 상당한 특색을 뽐내는 무엇도 아니다. 그저 지극히 평범하게 그 자리에서 '나'라는 사람과 연결되어 있을 뿐이다. 그런데 나를 비롯한 학생들은 이런 소소한 공간을 깊이 되새긴다. 그 이유가 뭘까?

생각의 초점이 여기에 맞춰진다. 사람들은 살면서 때론 짧게, 때론 길게 수많은 공간들과 관계한다. 물론 기억조차 나지 않는 공간도 수두룩하지만, 그런 수많은 공간들을 만나는 가운데 마음에 남는 곳도 있기 마련이다. 멋진 디자인으로 세간의 주목을 받고 트렌드를 이끄는 공간이라 할지라도 내가 직접 경험하고 기억하지 못한다면 나에게 아무 의미 없는 공간이다. 멋진 건물 안에서 휘황찬란한 쇼가 펼쳐져도 내가 직접 보고 듣고 겪지 않으면 화면 속 영상과 다름없지 않은가? 누구도 눈여겨보지 않는 미물이라 할지라도 마음을 담아 시선을 주고 시간을 보내면 누군가의 인생에서 의미 있는 기억으로 자리 잡는다.

첫아이가 어릴 때는 새롭고 유명한 곳들을 찾아 헤매기를 마다하지 않았다. 아이의 반응은 뒤로하고 내 눈이 먼저 돌아가기 바쁜 곳도 있었다. 이제 와서 하는 말이지만, "나는 좋은 공간에 데리고 다니는 좋은 엄마야"라며 한동안 스스로 안위하기도 했다. 워킹맘이라는 이유로 평소 함께하지 못한 죄책감을 털어내는 수단은 아니었나 싶을 정도로 주말은 또 다른 미션으로 가득한 시간이었다. 아이를 데리고 가면 너무 좋을 것 같은 멋진 곳들은 마치 에스컬레이터의 계단처럼 착착 등장했고 이런 곳들을 수시로 데리고 가면 내가 느끼는 새로움이나 뿌듯함만큼 아이에게도 행복한 시간이 꽉꽉 채워질 거라고 생각했다.

그런데 크게 간과한 것이 있었으니, 바로 '내 새끼'였다. 아이는 기계가 아니기에 엄마가 입력했다고 착각하는 대로 착착 출력되지 않았다. 우리 집 아이가 가지고 있는 성격과 기질, 관심과 재능을 관찰하는 노력이 초기에는 부족했다. 기껏 알아보고 선택한 그곳에 찰떡같이 마음을 주지 않는 아이를 보며 스트레스 지수는 높을 대로 높아졌다.

그런 시간을 보내며 내 아이와 조금씩 합을 맞춰가고 있다. 아이가 현장에서 보이는 반응과 일상으로 돌아온 후의 반응이 동일하지 않다는 것도 알게 되었다. 현장에서는 큰 감흥이 없어도 앞으로의 일상에서 만나는 크고 작은 연결점들이 그 공간의 경험을 빛나게 하는 경우도 있었다. 문득 아이는 그날의 공간을 끄집어내서 나의 기억력을 탓하게 만들기도 했다. 그런 시간 속에서 아이의 반응과 태도를 보고 크게 실망하는 강도와 빈도가 줄어들고 늘어나기를 반복하고 있다.

내가 생각한 내 아이와 내가 알게 된 내 아이는 다르다. 그것을 공간에서의 경험과 생각의 변화를 통해 조금씩 알아가고 있다. 심지어 새로운 주인공으로 등장한 성별 다른 동생은 또 다른 변수가 되어 어느 한 날 평탄할 틈이 없다. 이 과정에서 나 역시 시행착오를 많이 겪고 있다. 지금도 아이가 계속 크는 과정이기에 머리와 가슴의 거리를 줄이고자 노력할 뿐 여전히 진행형이다.

이 책을 기획할 때만 해도 내용이 이렇게 채워질 거라고 생각하지 않았다. 그동안 기회만 있으면 여기저기 두루 다니던 경험에 약간의 양념을 더해 아이들을 데리고 갈 만한 제법 의미 있는 공간들을 소개하고, 엄마가 어떤 포인트를 짚어주면 좋을지 이야기하는 정도로 엮어갈 생각이었다. 평소 공간 디자인 분야에서 교육을 업으로 삼은 엄마 입장에서 내 자식을 좀 더 좋은 공간에 데리고 다니며 생각을 기록하고 공유하는 것만으로 충분히 의미 있다고 생각했기 때문이다.

그런데 한 페이지 한 페이지 내용을 채워가면서 "아이들에게 진짜 좋은 공간이라는 게 뭐지?"라는 아주 본질적인 질문의 무게에 자주 짓눌렸다. 당시에 소개된 좋다 하는 공간을 접하고 아이를 데려가 보지만 이론과 현실 사이에서 느끼는 괴리감, 어른과 아이의 관점 차이 그리고 내 아이의 특수함까지 덧대어야 했다.

좋은 공간은 디자인이 멋진 공간이 아니라, 생각할 거리를 많이 주는 곳이다. 어린아이들에게 좋은 공간은 모양이나 분위기만의 문제가 아니다. 공간은 여러 이해관계가 모여 만들어진 하나의 결과물이다. 세상을 대하는 시선을 키우고 연결하는 매개체이자 거울 역할을 하기도 한다. 공간을 매개로 관계하는 대상들이 누구인지, 이곳이 무엇을 의미하는지, 또 무엇을 고민해야 하는지 눈에 보이지 않는 이면을 발견하는 대상으로 공간을 활용할 수 있다. 그런 생각을 아이 스스로 키워가도록 엄마와 함께 손잡고 다니며 하나씩 하나씩 얹혀갈 수 있는 곳이 좋은 공간, 힘을 가진 공간이다.

좋은 공간은 아이의 생각을 자라게 하는 집이다. 어디든 집이 될 수 있고, 또 집이 될 수 있는 공간이 많아져야 한다. 그래서 자라는 아이들에게 공간이, 세상이 조금 더 열려 있기를 바라는 마음이다. 어떤 아이로 자라든 공간을 벗어날 수는 없다. 그 공간을 아이 하나하나의 특성을 발견하는 도구로, 수단으로, 때론 꿈을 실현하는 환경으로 삼자. 공간은 충분히 그렇게 사람을 키우는 힘이 있다.

결과적으로 내가 아이들과 경험한 공간과 그 속에서 소소히 떠오른 생각들을 모으게 되었다. 전국 방방곡곡을 고루 다루거나 명소 중심으로 소개한 것도 아니다. 멋진 곳을 알려주는 앱이나 광고는 많지만, 정작 그 안에서 공간을 어떻게 바라봐야 할지는 충분히 담겨 있지 못한 경우가 많다. 많은 정보 가운데 이 책은 아이들과 함께 하는 엄마의 공간 사용 설명서 정도로 보면 될 듯하다. 물론 우리 집 아이 맞춤이고, 이 역시 아이가 크는 중이므로 정답이라고 할 수 없다. 단지 내가 나만의 답을 만드는 중이듯이, 각자에게 맞는 답을 찾아야 한다.

공간에서 겪었던 경험담과 생각들을 섞다 보니 어느 순간 아이 이야기가 아니라 내 마음의 일기가 담긴 육아서가 되어버렸다. 맘 좋게 아이들을 데리고 나섰다가 현장에서는 속이 터지고 돌아와 밤에는 글을 쓰기 위해 자리 잡고 앉아 낮의 상황을 복기하며 "그때는 이랬어야 했는데"라는 반성을 거듭했다. 집필 기간 동안 아이들은 커갔고, 때론 기존의 생각을 벗어난 행동들로 글을 수정하고 생각을 보완해야 하는 일도 잦았다. 더 담지 못한 이야기의 아쉬움도 크다. 아이가 커가고 있기에 그사이 또 일들이 생긴다. 어떻게 다 글로 담겠는가?

세상에는 참으로 많은 공부가 있다. 특히 아이를 키울 때는 '○○력', '○○법'이 많아 서점에만 가면 한없이 작아지곤 한다. 아이가 학교에 입학하자 교육의 시류에 언제까지, 얼마나 흔들려야 할지 많이 혼란스럽고 여전히 쉽지 않다. 지금도 어렵지만, 앞으로도 걱정이다. 그러나 엄마의 중심잡기가 아이 교육의 중요한 뿌리라는 생각은 날이 갈수록 강해진다.

나는 내 관심의 대상인 '공간'을 가지고 아이와 세상 이야기를 담아냈다. 잘 키웠다고 자랑할 만한 뚜렷한 성과는 없지만, 그저 하루하루 나름의 중심을 잡고 걸어가는 중이다. 이렇게 글로 정리하는 가운데 내 아이라는 주인공을 놓고 엄마로서 나에 대해 생각할 시간을 가질 수 있었던 것은 의외의 성과다. 공간에서 아이들과 지낸 시간들을 떠올리며 반성하고, 다짐하고, 다시 힘을 내는 시간을 정리한 것은 소중한 경험이다. 훗날 아이들은 이렇게 기억하지 않을 수도 있다. "엄마, 진짜 이랬다고?" 뭐 어떠랴, 어쨌든 나에게는 그런 의미가 있다.

엄마들도 각자 관심을 가지는 대상이 있을 것이다. 남이 뭐라고 하든 내가 잘할 수 있고 내가 믿는 방식, 방법, 방향이 말이다. 생각하는 대로 믿으며 살아보고 싶다. 그러기 위해 엄마인 나도 항상 성장해야 한다는 걸, 깨어있어야 한다는 걸 많이 되새겨봤던 시간이었다. 아이들과 함께 갈 그 많은 길들을 응원하며, 내 아이와 함께 한 공간에서의 기록과 생각을 나눈다.

이 민

3 아이들의 미래 공간, 어떻게 확장될까?

2부

어떻게 공간을
탐색하고 활용할 것인가?

1 아이들을 이런 공간으로 데려가라

2 공간을 가지고 노는 아이로 키우는 비결

1부

공간의 과거, 현재, 미래를
배우고 느끼기

1장

공간의 힘이
아이를 바꾼다

내 아이는
어떤 세대일까?

새로운 세상을 만드는 아이

우리 집에는 알파 세대 2명이 있다. 큰아이는 이제 초등학교 2학년으로 코로나19 시기에 학령기를 시작했다. 핸드폰을 뺏으면서 찰나의 시간이라도 덜 보여주고 싶은 마음에 유튜브 검색조차 안 해주고 버티던 어느 날 거실에서 이런 소리가 들렸다.

"시리야, 흔.한.남.매. 유튜브 찾아줘!"

'뭐라고?' 자판을 쳐야만 검색할 수 있다고 생각한 엄마와 달리, 아이는 이미 온몸으로 디지털을 활용하고 있었다. 엄마가 알려주지 않아도 로블록스와 마인크래프트를 알고 있고, 그 안에서 새로운 문명을 만드는 시간이 행복한 아이다. 등굣길이 좋은 이유도 마인크래프트에 세울 것들을 하나씩 엄마랑 이야기할 수 있기 때문이라고 했다. 매일 하나씩 새로운 것을 말해 주기가 피곤하긴 해도 아이가 만드는 세상을 함께한다는 기쁨도 있다.

그러다 오늘은 너무 피곤하게 하기에 '에라, 모르겠다'는 마음으로, "오늘은 천당이랑 지옥 하나씩 만들어줘"라고 주문해 등굣길에서 아이를 안드로메다로 보내버렸다. 아이는 엄마 입에서 '천당'과 '지옥'이라는 말을 듣더니 '집을 짓는다는데 이게 뭔소리야?' 하는 표정으로 나를 쳐다보았다. 가상의 세계가 마냥즐거운 현실의 아이를 광활한 상상력의 세계로 보내버린 날이다. 벌써부터 경계 너머의 가상세계에 건물을 짓고, 자원을 모으기 위해 노동을 하고, 생존을 위한 룰을 익히는 아이가 만들앞으로의 세상은 어떨까?

태생부터 다른 알파 세대 아이들

밀레니얼 세대를 부모로 둔 2011년 이후에 태어난 아이들을 알파 세대라고 한다. 디지털 환경에서 출생한 최초의 인류라고 하는 이 아이들은 소셜 미디어나 가상세계가 없는 세상에서 살아본 적이 없기 때문에 이전 세대의 삶이 오히려 낯설고 상상의 영역일 수 있다.

호주의 인구통계학자 마크 맥크린들(Mark Mccrindle) 연구소장은 가장 먼 미래를 연구하기 위해서는 알파 세대를 봐야 한다고 주장한다. 온전히 21세기에 태어난 사람들만으로 구성된 첫 세대이자 21세기를 주도할 세대로 주목한 것이다. 바로 우리의 아이들 얘기다.

사실 그들을 낳아 키우는 부모 세대부터 다르다. 청소년기부터 인터넷을 자유롭게 사용하면서 IT 기술을 능숙하게 다뤘다. 한국 사회의 성장기에 태어나 배고픔을 겪지 않았고, 풍요로운 환경에서 삶의 의미와 가치를 발견하며 자아를 찾는 내적 성장과 경험을 중시하기도 한다. 그 덕에 자녀인 알파 세대의 교육과 문화적 소양을 쌓는 일에 투자를 아끼지 않는다.

알파 세대가 살아갈 세상

알파 세대가 주도할 세상은 많은 부분에서 지금과는 다를 것이라고 예상된다. 미래는 불확실하다. 심지어 사회 변화도 가속이 붙어 과속 사회를 살고 있다. 어디로 가는지 스스로 중심을 잡지 못하면 시류에서 벗어나 표류되기 십상이고, 언저리에서 항상 따라다니는 삶을 사느라 스트레스로 가득할 것이다.

불안한 상태에서 믿을 것은 어떤 상황에서도 지혜롭게 헤쳐나갈 수 있는 나의 적응력뿐이다. 미래의 적응력은 단순한 순응과 다르다. 도전 정신을 갖고 주도적인 삶을 끌어가려는 진취적인 자세와 실험적 시도가 없다면 미래에 적응할 수 없다.

동시대의 글로벌한 감각도 요구된다. 국경 없는 온라인 세상에서 실시간으로 전 세계의 기술과 문화를 접하고 성장해온 알파 세대들이다. 직관적이고 선택적인 세상에서 자신이 중심이 되는 새로운 생태계를 이루며 세상과 소통하는 데 능하다. 메가버스라 불리는 온라인 공간에서 글로벌한 감각을 익히고 국경과 언어를 초월해 미래 사회를 누빌 것으로 전망된다.

미국의 메타버스, 한국의 메타버스가 아니라, 어제의 메타버스, 내일의 메타버스가 있을 뿐이다. 이미 그런 세상을 살고 있다. 원하는 정보를 쉽고 빠르게 접하기 때문에 풍부한 지식 습득이 수월한 아이들은 이전 세대가 가보지 않은 길을 글로벌한 감각으로 살아갈 것이다. 직장의 개념도 달라질 것이다. 평생 직장이라는 말이 무색해진 지금보다 훨씬 더 유연한 노동시장에서 직종과 직업을 끊임없이 바꿀 것이고, 직장이라는 고정된 현장을 탈피해 여러 개의 직업과 직무를 수행할 것이다. 코로나 19로 인해 이미 재택근무의 일상화, 일과 여가의 균형, 도시 생활과 지방 생활의 병행이 어색하지 않은 부모들과 살고 있다. 시대에 맞는 형태로 장소의 한계를 극복한 경제활동에 적응할 수도, 창조할 수도 있으리라 기대한다.

우주를 무대로 살아갈 아이들

우주가 대중의 공간 개념에 진입한 것은 1969년 7월 20일, 닐 암스트롱이 달 표면에 착륙하는 광경을 지켜보면서다. 달에 첫발을 내디딘 지 50년 만에 우주는 지구인에게 진짜 공간이 되었다. 달에 사람을 보낸 것을 대단한 인류 공동의 업적으로 삼았던 그때에서 나아가 우주로 이주하거나 여행하는 것도 불가능한 이야기가 아니다.

우주산업 강국인 미국은 국가 우주산업 규모의 몇 배로 커진 민간과 연계하고자 국가가 나서 국가 주도의 우주산업 기술 혁신을 위한 혁신 벤처 육성 프로그램을 마련하고 있다. 국내에서도 방산산업의 대표 기업인 한화가 미래 산업 중 하나로 '우주산업' 관련 회사들을 상장시켜 투자하고 있다. 공상과학 만화 속 주제인 우주가 아니라 오늘의 산업을 이끄는 공간으로 '우주'를 마주하는 시대이다.

아이들이 산업의 중심이 되는 훗날을 생각해보자. 지금 아이들에게 이야기할 세상의 크기는 이전과 완전히 다르다. 사람들은 꿈이 있는 이들을 지지하고, 그 꿈이 산업이 되는 현실에 열광한다. 역사적으로도 그랬다. 스페인이 바닷길 넘어 신대륙을 발견하면서 세상의 주도권을 쥐었고, 영국은 철길을 깔고 화석을 실어 나르며 누구보다 신속하고 빠른 산업혁명을 이끌었다. 산업이 공간을 통해 구현되고, 공간은 사회를 지배하는 자에게 철저히 보상해온 역사를 인류는 기록해왔다.

새로운 공간을 발견하고 확장하는 일은 미래 생존을 선점하는 문제이기도 하다. 우주는 더 이상 우리 아이들에게 꿈의 공간이 아니다. 알파 세대가 어른이 되었을 때 우주는 '현실의 공간'으로 바짝 다가와 있으리라는 점을 생각해본다면, 어른인 우리가 할 일은 분명하다. 우리가 알고 있는 고정된 공간을 새롭게 규정하고 아이들의 몸과 마음의 크기를 키워 더 넓은 세계로 나아갈 수 있도록 도와주어야 한다.

공간 경험치를
늘려라

내 아이를 발견하는 탐색기, 공간

일상생활에서 어떤 몫이나 양을 이야기할 때 '치(値)'라는 단어
를 사용한다. 일정 수준에 다다르기 위해서는 일정 양을 채워
야 한다. 관심 있는 부문에서 자신의 생각을 녹여내려면, 그만
큼 시간을 쌓고 공을 들여야 한다. 어떤 일을 하든 이 '치'를 쌓
는 일은 중요한 기초가 된다.

엄마들은 아이가 어릴 때부터 다양한 분야의 양서를 골고루 접
할 수 있도록 노력한다. 동서고금을 막론하고 좋은 책을 읽으
면 무언가를 얻을 수 있는 것은 누구도 의심하지 않는다.

나는 양질의 공간을 선택하고 아이들이 그것을 접하게 하는
것, 또 그 안에서 경험치를 쌓는 일 역시 책을 고르는 일과 다르

지 않다고 생각한다. 책이 문자와 그림을 지면에 담아 세상을 이야기하고 있다면, 공간은 그곳에 있었던 사람들의 흔적, 말과 태도를 통해 입체적으로 풀어놨다는 차이가 있을 뿐이다.

아이들은 인생에서 존재감, 성취감, 행복감을 찾기 위한 긴 여정의 초입에 있다. 어디로 얼마나 뻗어 나갈지 모를 아이들의 미래를 엄마가 미리 재단할 수 없기에 지금 아이가 서 있는 방향과 위치를 점검하기 위한 좌표로 삼는 데에 공간에서 보인 아이의 반응은 유용하다.

겉은 알아도 속은 모르는 게 사람이라 하는데, 내 자식 속은 더 그렇지 않은가? 집에서 보는 아이와 바깥에서 듣는 아이가 다를 때도 있다. 또 집에서 반복된 일상에서 다루는 소재도 한정적이기에, 아이의 관심과 재능이 어디에 있는지 파악하기도 쉽지 않다. 내 자식이어도 잘 모를 수 있다는 이야기다. 그럴 때 공간은 탐색과 이해가 필요한 아이와 부모를 서로 연결해줄 수 있는 매개가 된다.

아이들은 공간에 따라 공간 곳곳을 누비느라 바쁠 정도로 활기찰 수도 있고, 공간의 어느 요소 하나에 몸과 마음을 내주기도 한다. 혹은 아예 거들떠보지 않기도 한다. 이것이 바로 아이가 표현하는 마음 상태이다. 이때 엄마는 자신의 노력값을 떠올리며 아이를 다그치기보다 거기서 아이의 발걸음을 점검함으로써 다시 가지치기를 해주고 물을 주어야 한다. 한 걸음, 또 한

걸음 아이가 마음을 주는 그 지점을 알아가는 일에 공간을 활용한다는 미음으로 세상에 펼쳐진 다양한 공간에서 경험치를 쌓는 과정을 반복하다 보면 아이의 몸과 마음이 열리는 순간을 느끼게 된다. 공간에서 보인 한 번의 반응으로 아이의 전부를 설명할 수는 없다. 그러나 반복적으로 경험하는 공간에서의 반응, 아이의 마음과 관심이 머무는 지점을 찾으며 차근차근 경험치를 쌓는 과정을 겪다보면 아이에 대한 막연한 강요나 의심에서 자유로워지는 순간을 만나게 된다.

공간은 우리 삶에서 뗄 수 없는 가장 밀착되어 있는 환경이다. 공간 경험은 단순한 체험을 넘어 그 공간에서 맛보고, 느끼고, 마주치는 모든 일들과 연결되어 궁극적으로는 풍요로운 기억과 경험을 가진 아이로 키우는 데 도움을 준다. 물론 그 과정에서 엄마가 편안하게 내 아이를 탐색하는 것은 덤이다. 이것이 내가 공간의 경험치를 언급하는 이유다.

마중물로서 공간 경험

1학년 겨울방학을 맞아 큰아이를 데리고 어디를 가볼까 고민하던 중 딜쿠샤라는 오래된 집이 떠올랐다. 그곳을 경험하면서 보인 아이의 반응은 아이의 생각머리를 키우는 데 공간이 확실한 역할을 할 수 있음을 확인한 계기가 되기도 했다.

서울에 있는 근대 가옥 '딜쿠샤'는 복원을 마치고 2021년 시민들에게 공개되었다. 서양인 부부가 '꿈의 정원'이란 뜻으로 지은 이 집은 현재 서울시가 관리 운영하는 문화시설이다. 딜쿠샤는 100년 전 마을을 지켜준다는 수백 년 된 은행나무가 자리하는 마을인 행촌동 언덕에 위치한 서양식 석조 가옥이다. 사직터널 윗동네로 높은 지대 덕에 당시 서울을 훤히 내려다볼 수 있는 뷰 맛집이기도 했다. 이 집이 조성될 당시 딜쿠샤는 한 서양인 가족의 보금자리였다. 딜쿠샤에 담긴 그들의 삶은 한국 근대사를 넘어 세계사에까지 닿아 있어 당시의 생활상과 사회상 등을 이해할 수 있는 매우 훌륭한 소재다.

근대 격변기에 광산업을 하던 아버지를 따라 한국으로 온 미국인이 일본에서 영국 출신 배우를 만나 한국 땅에 가정을 일구었고, 아이를 낳고 키웠다. 일본에 의해 추방당하기 전까지 이 땅에 크고 작은 흔적들을 새겼다. 1919년 2월 28일 부인은 첫 아이를 낳고 당시 남대문 부근에 있던 세브란스 병원에서 회복하던 중 창밖으로 3·1운동의 현장을 목도하게 된다. 병원에서는 간호사가 독립선언문을 자신의 침대 밑에 숨기고, AP연합 통신원이던 남편은 몰래 입수한 독립선언문을 일본으로 반출해 해외에 한국의 독립운동을 알리기도 했다. 당연히 부부는 여러 우여곡절을 겪었지만, 그럼에도 부인은 그림을 배워 한국을 기억하고, 글로 새겨 당시를 기록해두었다. 후에 그들은 일제에 의해 탄압받고 감금까지 당했고, 결국 추방되었다. 주인을 잃은 딜쿠샤는 2021년 복원되어 시민에 개방되기 전까지 여러 상황을 겪어냈다. 딜쿠샤는 한국 근대사의 역사, 사회, 정치, 인물에 관한 이야기 외에도 복원 과정 하나하나를 담고 있을 뿐만 아니라 건축, 공예, 디자인, 생활양식에 이르기까지 놓칠 것이 하나 없다. '딜쿠샤'라는 공간은 물리적 크기에 비해 너무나 풍부한 의미를 가지고 있다.

아이와 이 공간을 처음부터 흥미롭게 본 것은 아니었다. 아이와 함께 관람할 생각도 딱히 없었다. 다만 몇 달 전부터 이곳의 복원 과정을 담은 책을 읽고 있었고, 아이는 내 옆을 오가며 '딜쿠샤'라는 낯선 제목의 책과 그것을 읽는 엄마를 번갈아 보는 정도였다. 아이들은 엄마가 읽는 책 제목에 관심이 많았다. 그러다 관람 예약을 잡았다고 하니, 책 제목인 줄만 알았던 딜쿠샤가 진짜 가볼 수 있는 곳이냐며 의아해 했다.

관람 당일 복원되기 전 그 작은 공간에서 15가구 총 26명의 공동 주거지였던 딜쿠샤의 또 다른 모습이 담긴 과거 영상을 아이와 같이 보게 되었다. 복원된 모습과 너무 다른 옛집의 장면이 소개되었다. 각각의 사연을 가진 사람들은 왜 이렇게 살아야 했는지, 사람들이 사는 모습이 얼마나 다양할 수 있는지, 직접 겪어볼 수 없고 생각할 수 없는 이야기가 흘러나오자 아이의 반응이 조금 달라졌다.

직접 현장에 가서는 사전 학습 덕분이었는지 무방비로 엄마를 따라다니는 것과 달리, 안내 전단부터 한 장을 척하니 챙겨 든다. 이리저리 두리번거리며 흥밋거리를 찾아 나서기에 주저함이 없던 아이는 영상에서 봤던 모습과 복원된 모습이 다르다는 이야기도 꺼낸다. 그러고는 행촌동의 상징인 은행나무를 마주한 2층 창가에 서서 100년 전 그들도 보았을 그 나무를 바라본다.

사실 공간에 가지 않았더라면 하나하나 낱개의 파편으로만 남았을 정보들이었다. 그런데 공간을 둘러보며 이야기를 쌓다 보니, 아이는 집주인에 대한 정보를 넘어 그들의 감정을 이해하는 듯했다. 내가 이해한 것과 얼추 비슷한 맥락으로 한 가정과 한 시대를 어렴풋이나마 파악하는 듯했다. 이런 것들을 하나의 교과목과 시험문제로만 바라본다면 얼마나 재미없을까? 역사든 정치든 결국 사람 사는 이야기인데 말이다.

딜쿠샤가 지어진 경희궁 인근 땅들은 원래 조선 왕실 소유지로, 이곳 역시 형편이 안 좋아진 왕실이 이리저리 매각한 땅들 중 하나였다. 수백 년 된 고목 은행나무가 있어 영험한 땅이라 여겨졌다. 그런데 외국인이 집을 짓고 들어온다고 하니 조선인들의 반대가 매우 심했다고 한다. 그럼에도 집은 지어졌고, 우여곡절 끝에 딜쿠샤에서 동네 터줏대감 같은 은행나무를 보며 서양인 부부는 무슨 생각을 했을지 그리고 100년 뒤 그걸 보는 우리 아이의 머릿속에는 무슨 생각이 떠올랐을지 딜쿠샤 관람을 마치고 돌아오는 내 머릿속은 물음표로 가득했다.

딜쿠샤를 기억에 남기는 아이만의 방법

딜쿠샤에 다녀 오고 며칠 뒤, 아이는 그림일기에 딜쿠샤에 대한 자신의 기억을 남겼다. 그리고 또 며칠 뒤 뜬금없이 동생 장난감으로 딜쿠샤라며 건축물 하나를 만들어왔다. 제법 그럴싸했다. 공간에서 누볐던 시간과 기억이 부정적이라면 굳이 꺼낼 일도 없을 이름 딜쿠샤를, 아이는 자신의 창작물로 기념하며 사진으로 남겨달라고까지 했다.

하나의 공간은 당시의 환경, 그 안에서 살았던 인물들의 이야기, 그것이 남긴 의미, 그 속에 녹여낸 기술, 예술, 학술을 모두 엮어 종합적으로 이야기하고 엮어줄 수 있는 마중물이 된다.

딜쿠샤 관람의 전 과정은 아이의 비위를 맞추거나 학업에 필요하다는 공부를 시키려 한 것이 아니라, 엄마인 내 관심에서 비롯되었다. 그래서 나도 아이도 부담 없이 딜쿠샤 안에서 자유로웠다. 아이는 기억할 것이다. 딜쿠샤 복원 과정을 담은 책을 읽으며 하나씩 딜쿠샤를 쌓아주었던 엄마의 모습을.

천문대와 박물관에서 노는 아이들

이런 경험치들을 쌓아온 나는 아이들을 데리고 밖으로 나갈 때도 '치'를 쌓을 수 있는 공간에 관심이 많다. 뭐든 은근슬쩍, 스리슬쩍, 자연스럽게 접할 필요가 있는 아이들에게 공간은 효과가 좋은 학습 현장이다.

이런 방법은 사실 엄마들이 알게 모르게 공간을 하나의 학습 방법으로 쓰고 있는 듯하다. 아이와 친하게 지내는 학급 친구의 엄마와 방학 때 아이들의 관심사에 대해 이야기를 나눈 적이 있었다. 아이의 친구는 과학에 푹 빠진 과학 소년으로 평소 큰 흥미가 없는 박물관이나 미술관과는 거리를 두고 지냈다고 한다. 대신 자주는 아니어도 과천에 있는 국립과학관을 갔고, 별 보기를 좋아하는 엄마의 취미로 인해 전국의 천문대를 두루 다니며 크고 작은 별들을 만난 경험치가 있었다. 또 그런 경험이 자연스럽게 우주와 과학 부문의 흥미로 이어졌다.

반면 우리 아이는 어릴 적부터 미술관과 박물관과 친하게 지냈다. 전시를 보지 않더라도 엄마 아빠를 따라 밥이나 차를 먹으러 가기도 하고, 기념품이나 책을 사러 가기도 했다. 이런 문화 공간이 익숙한 아이는 겨울방학을 맞아 박물관은 10회, 미술관은 5회를 가겠다는 계획도 세우며, 어디부터 갈지 결정하는 것으로 방학을 시작했고, 틈나는 대로 갈 궁리를 하기도 했다.

닭이 먼저일까, 달걀이 먼저일까? 아이가 평소 어떤 분야에 흥미가 있어서 시간을 내어 관련 공간으로 데리고 가는 것일까 아니면 공간이 주는 흥미로운 자극으로 인해 일상에서 관심을 확장하는 것일까? 순서는 잘 모르겠지만, 갖가지 공간 경험치가 일상과 비일상에 영향을 준다는 것 그리고 부모의 관심이 은연중 아이에게 묻어난다는 것, 이 2가지만큼은 확실한 듯하다.

동대문과 DDP 사이에서

나는 지금도 아이와 얼마 전 함께했던 동대문이 인상 깊은 공간 경험치로 기억한다. DDP(동대문디자인플라자)에서 전시를 보려고 방문했다가, 조금 걸어 옆 동네 동대문 완구거리로 이동하는 동선이었다. 주말의 DDP는 화려한 도시미를 뽐내느라 반짝이고 북적이는 데 반해, 그 뒷골목은 대낮에도 어둑하고 허름한 점포들과 깨끗하지 않은 길로 인해 뭔가 암흑가를 다룬 누아르 영화에나 어울릴 법한 세트장 같은 곳이었다.

그렇다면 동대문 시장 뒷골목은 좋지 않은 공간일까? 아니다. 나는 엄마 도슨트를 자처한 이상, 내가 어린 시절 기억하는 동대문에서의 경험과 풍경, 먹고 놀았던 추억, 귀동냥으로 듣던 흘러간 옛이야기, DDP가 생기면서 일어난 변화와 아쉬움을 한바탕 풀어냈다.

나중에 다시 DDP를 갔을 때는 전시되어 있는 DDP 설계 당시의 공모 출품작들의 모형들을 보여주었다. DDP 조성 과정과 여러 이슈를 잘 몰랐다면, "여기 멋진 모형들이 많네. 잘 봬"리고 아이의 관람을 독촉했을지도 모른다. 그런데 내가 조금 공부를 해놓으니 "너라면 어떤 작품을 선택할 거야?", "왜 좋다고 생각하는데?", "너라면 예전 야구장이 있던 곳을 어떻게 바꿔보고 싶어?"라며 여유 있게 아이의 생각을 물어보기도 했다. 동대문 지역에서 쌓았던 공간치를 다시 끄집어내서 그 위에 DDP의 이야기를 한 겹 더 얹은 것이다.

공간에서 온몸으로 겪은 경험이 일정 '치'를 이루면 그것은 지식이 되고, 유사한 상황을 만났을 때 슬기롭게 헤쳐 나갈 수 있는 지혜로 작용하기도 한다. 아이에게 동대문은 더 이상 교과서에서 몇 줄 읽었던 동대문야구장이나 '흥인지문(興仁之門)'의 사진에서 멈추어 있지 않다. 동대문이라는 공간에서 펼쳐지는 다른 사람, 다른 입장, 다른 세상 그리고 켜켜이 쌓인 이야기를 현장에서 체감함으로써, 동대문을 세상살이의 사례 하나로 기억하게 될 것이다. 앞으로 풀어야 할 숙제와 희망이 공존하는, 함께 이야기해볼 거리가 풍부한 융합적인 교육의 현장으로 동대문은 너무나 훌륭한 공간이다.

아직 어린아이들은 자신의 나이만큼 이해하기 마련이다. 경험치를 쌓는 일은 한 번에 끝날 수 없다. 그러니 오늘의 무관심에 실망할 필요 없다. 아이가 9세, 10세, 그 후에 와볼 수도 있다. 날 좋은 봄가을에, 더운 여름, 추운 겨울에도 갈 수 있다. 훗날 어린 시절 부모와 함께 누볐던 길을 친구나 연인, 동료, 혹은 아이들의 아이들과 함께 거닐지도 모른다. 어쩌면 그 길이 사라져 아쉬움만 남을지도 모르지만, 아이가 엄마와 쌓은 동대문이란 공간의 경험치는 스스로 개척할 길들을 펼치는 데 단단한 밑거름으로 자리할 것이다.

공간 경험치로 쌓는 세상 경험치

부모가 아이를 데리고 나가는 일은 단순한 외출 이상의 의미가 있다. 공간을 경험한다는 것은 아이가 진짜 세상을 만나는 기회이자 학습의 이유이기 때문이다. 이 시간을 통해 아이들에게 세상의 많은 이야기를 자연스럽게 전해줄 수 있다.

누군가 해석하고 잘 정리해놓은 박물관이나 과학관, 각종 체험관 등으로 가는 것도 좋지만, 때로는 날것 그대로인 곳으로 갈 수 있다. 아이들의 맞춤형 도슨트인 엄마 아빠의 손을 잡고 안전하게 아이는 이제까지 보거나 듣지 못한 이야기를 부모의 머리, 마음 입을 통해 접하며 조금씩 세상을 마주하는 연습을 하게 된다. 공간 경험치는 그런 안정감 위에서 조금씩 세상을 알아가는 시간을 쌓아가는 일이다.

공간 이동에서 찾은
진짜 공부, 진짜 세상

캠퍼스가 움직이는 대학, 미네르바

2018년 중앙일보와 현대차 정몽구 재단은 미래에 어떤 역량이 중요한지에 대해 한국의 리더 100인을 대상으로 인터뷰를 진행한 적이 있다. 그 결과 창의력, 인성, 융복합 능력, 협업 역량, 커뮤니케이션 능력이 꼽혔다. 다만 현재와 같은 '암기 위주의 주입식 교육 방식'이 가장 큰 문제로 꼽힌 가운데, 이 같은 능력을 학교에서 배양할 수 있다고 생각한 이는 한 명도 없었다. 한국 사회는 여전히 입시라는 거대한 벽에 가로 가로막혀 있기 때문이다. 반면 해외에서는 다양한 실험적 교육 모델이 등장하고 있다. 특히 성공적 입시의 끝단에 있는 아이비리그를 넘어서는 대학이 있다.

미네르바(Minerva)는 IT 기업의 CEO였던 벤 넬슨(Ben Nelson)과 미국 명문 대학 교수들이 모여 보다 나은 미래 대학의 모습으로 기획한 학교다. 특정한 캠퍼스가 있는 것이 아니라 4년 동안 세계 7개국의 주요 도시를 옮겨 다니며 공부한다. 이렇게 공간을 이동하는 이유는 3가지다.

첫째, 공간의 변화를 줌으로써 새로움 그 자체를 배운다. 학생을 교육하는 교수진 외에 경험 디렉터가 체류 생활을 지원하는데, 그곳에서 만나는 환경, 사람, 음식, 문화 등 모든 것이 다양한 체험치를 쌓는 학습의 일환이다. 도시를 몸소 느끼며, 낯선 공간에서 경험한 그 자체를 배움으로 받아들인다. 그 공간에 있는 사람들과 관계를 맺고 영향력을 주고받을 수 있는 좋은 기회를 제공하는 것이다.

둘째, '학생의 발전'에 초점을 맞추는 학교로써, 학생의 주도성에 주목한다. '더 이상 티칭하지 말고 코칭하라'는 말처럼 평준화된 내용을 일률적으로 전달하는 것이 아닌 개인 맞춤형 교육에 집중한다. 주도성은 학업뿐만 아니라, 생활에서도 필수적인 능력이다. 낯선 공간에서 학업을 유지하고 의미 있는 시간을 보내기 위해 학생마다 각기 정보력, 적응력, 판단력이 배양될 수 있다.

셋째, 다른 문화에 대한 경험 지식 그대로가 곧 살아 있는 경쟁력이 된다. 공간이 바뀌면 색을 바라보는 시각도 바뀐다. 평소 세상을 접했던 익숙한 방식에서 벗어나 상대적인 문화 차이에서 충격과 흡수 과정을 겪으며 사고의 깊이와 폭을 넓힐 수 있다. 문화의 다양성을 현장에서 몸소 익혀 세상을 입체적으로 바라보는 힘을 키우게 된다.

7개 도시가 보여주는 의미

학생들이 4년간 이동하는 7개 도시는 샌프란시스코, 부에노스아이레스, 런던, 베를린, 하이데라바드, 타이완 그리고 서울이다. 각 도시들은 현대사회에서 함께 바라보아야 할 이슈들을 가지고 있다. 교과서 속 텍스트에서 건져내 지구 저편의 어제와 미래, 기술과 문화, 인간과 기계가 혼재하는 오늘을 소개함으로써 차별화된 도시의 특성을 배운다는 목적에서 선정된 도시들이다.

프로그램의 첫 시작지는 혁신적 기술을 견인하는 진원지로 꼽히는 미국의 샌프란시스코다. 바다에 접한 매력적인 도시로서 세계적인 대도시의 문화적 다양성과 활기를 갖춘 샌프란시스코의 가장 강력한 특징은 세계 스타트업의 본산이라는 점이다. 이곳에서는 특히 소규모 커뮤니티를 경험하면서 협력의 생태를 맛볼 수 있어 미네르바 교육의 핵심이 무엇인지를 보여준다.

아르헨티나의 부에노스아이레스는 우리에게 친숙하지 않은 라틴아메리카와 유럽의 영향이 혼재된 문화 도시다. 세계 정세

속에 국가 경제 침체라는 사회적 문제가 잔재하지만, 여전히 활기찬 에너지가 가득한 도시로서 최고의 관광지로 꼽힌다.

영국의 런던은 대영제국의 수도라는 과거의 영광과 함께 근현대에는 영미 문화로 세계 패권을 쥐었던 근원을 이해할 수 있는 도시다. 현재는 세계 금융의 허브로도 꼽히지만 실험적인 예술과 문화 속에서 현대적 영감이 공존하는 도시로 자리매김하고 있다.

독일 베를린은 냉전의 역사 속에 분단의 흔적을 담고 있는 현장이다. 과거 정치 사회적 혼란이 정리되는 과정 그 자체를 도시의 무늬로 새기고 있는 곳이다. 동시에 극단의 이념 대립이 충돌하고 융합하면서 만들어낸 창의적이고 계획적인 결과물들로 도시의 의미가 재해석되고 있다. 21세기 문화의 중심으로서 베를린이라는 도시의 새로운 가능성, 문화적 실험성을 다채롭게 보여준다.

인도의 하이데라바드는 종교와 혼합성과 현대 첨단기술의 융합을 보여주는 도시다. 과거 보석 거래의 중심지로서 올드 시티(old city)의 면모를 보여주며, 혼합된 종교적 역사를 담은 갖가지 사원, 교회, 모스크들이 가득하다. 현재는 게놈 밸리(Genome Valley)라는 별명처럼 첨단기술과 산업을 견인하는 중요 도시로서 미국 중심의 사고관을 벗어나 인도 문화권의 비전을 엿볼 수 있다.

대만의 타이완은 섬이라는 특수한 환경에서 중국과 이념적으로 대립하는 해양 민족 국가다. 그러나 이전에 여러 나라가 점령했던 역사를 가지면서 해양과 내륙, 원주민과 이주민, 전통과 현대가 혼재된 국제적 감각의 도시다. 현재 중국 본토와 복잡한 관계를 유지하는 가운데, 중국적이면서도 동양과 서양이 만나는 지역으로 평가받는다. 한국의 서울은 세계에서도 손꼽히는 메가 도시로 혁신과 교육, 문화와 산업이 공존하는 곳이다. 수도로서 600년 역사를 켜켜이 쌓아온 서울 곳곳은 편리한 대중교통 시스템을 기반으로 다양한 생활 편의 서비스가 온오프라인으로 제공되면서 안전하고 살기 좋은 곳으로 꼽힌다. 동시에 삼성, LG, 현대와 같은 글로벌 브랜드가 모여 있는 대도시라는 복합성으로 주목받기도 한다.

미네르바 스쿨이 도시를 옮겨 다니는 의미

설립된 지 10년이 채 되지 않은 미네르바는 미국의 명문 아이비리그 대학들보다 낮은 합격률을 보이며 '하버드보다 입학하기 어려운 대학'이라는 수식어를 달고 있다. 코로나19를 맞으며 '대학의 새로운 대안'으로 자리매김하면서 미래 교육의 가능성을 넘어 교육 리더로까지 평가받고 있다.

미네르바 스쿨이 전 세계에서 몰려드는 지원자들에게 어필할 수 있었던 핵심은 무엇일까? 온라인으로만 수업했다면 기존의 영어 사이버 대학과 다를 게 없지만 미네르바는 교육의 중심에 '공간'이라는 차별화되는 프로그램을 도입했다.

미네르바 스쿨의 창립자들은 미래 사회에 필요한 능력이 기존의 전공 지식이나 전공 분야의 실력에만 있지 않다고 생각했기에, 세계의 다양한 도시에서 학생들이 다채로운 문화와 사회를 경험하며 경쟁력을 키우고자 했다. 즉, '공간'이 사람을 변화시키고 키울 수 있는 힘을 가지고 있다는 바로 그 사실에 주목한 결과다.

그렇다면 공간을 바꿔주기만 하면 아이들에게 혁신적인 변화와 경쟁력이 저절로 생기는 것일까? 내 아이가 미네르바에 들어가기만 하면 모든 것이 해결될 거라고 생각한다면, 절대 가능하지 않다는 말을 해주고 싶다. 공간이 주는 혜택을 자기 것으로 만들기 위해서 공간의 변화와 이동에 유연할 수 있도록 어릴 때부터 자연스럽게 연습되어 있고, 공간이 바뀌면 그 속에서 아이가 공간을 마음껏 활용하는 체질로 개선이 되어있는지 살펴봐야 한다. 어떤 환경 변화에도 자기 주도적으로, 자기가 원하는 방향으로 나아갈 수 있는 사람, 혼란한 틈바구니에서도 기회를 만들고 활용할 수 있는 인재 양성을 위해 '공간'이라는 핵심 키워드가 자리함을 '미네르바'를 통해 되새기며, 그 시작의 길에 부모의 관심을 조금 덧대어보길 바란다.

내 아이가 원하는 삶이
가장 행복한 삶이다

부모가 바라는 아이의 삶

미래 역량이라는 것이 뭘까? 모든 아이들에게 그런 역량이 필요한 걸까? 궁극적으로 정말 아이들을 위한 걸까? 저명한 미래학자들이 언급하는 중요한 역량들을 정리해보면서, 공감하는 한편으로는 근본적인 물음이 더 깊게 다가왔다. 당연히 아이들이 미래에 필요한 역량을 갖추고 있다면 다가올 시대를 살아가기가 훨씬 수월할 것이다. 그리고 이 역량은 더 이상 선택의 문제가 아니기도 하다.

그런데 기성 사회가 미래 사회의 아이들에게 요구하는 미래 역량이란 것이 아이들이 한 인간으로서 성장하는 데 필요한 역량에 무게중심을 둔 것은 아니라는 생각이 든다. 오히려 산업의 역군으로서 필요한 무기를 장착시키는 듯하다.

새로운 시대는 새로운 집단을 통해 필요한 인재상을 등장시켜 왔다. 그러나 어느 시대이든 엄마들이 생각하는 내 아이의 희망 찬 미래를 바란다는 본질은 크게 다르지 않다. 그러한 능력을 갖추는 궁극적인 목적은 좋은 직장에서 잘 벌고 잘 먹고 잘 사는 것, 하고 싶은 일을 하면서 스스로 만족스러운 삶을 누리는 것, 그래서 만족스럽고 행복한 삶을 사는 것이다. 그것이 세상 모든 엄마들이 바라는 내 아이의 미래 모습이 아닐까? 그것을 위한 역량을 키워주고 싶은 게 아닐까?

미래 역량? 그 본질은 '행복'

여기서 다시 처음 질문으로 돌아가 보자. 대체 미래 역량을 왜 갖춰야 하는가? 타고난 본성대로 타고난 재능을 발휘하고 사회에 필요한 역할을 하며 살아갈 수는 없는 것인가? 더 나아가 미래 역량이 부족한 아이의 미래는 긍정적일 수 없는 걸까? 어떤 아이는 시대가 낳은 새로운 산업에서, 다른 아이는 원래의 전통 산업에서, 또 다른 아이는 그 경계 어디에서, 미래라는 층위를 다양한 방식으로 두텁게 메우고 공생할 수는 없는 걸까?

이런 질문들을 하다 보면, 마치 우리는 누가 먼저 새로 발견한 산의 정상을 차지하느냐를 두고 경쟁하느라 숨을 헐떡이며 정상만 바라보고 달려가는 것 같다. 남들보다 뒤처지면 도태되어 죽을지도 모른다는 위기의식에 사로잡혀 산 정상이 어떤지도 모르면서 무조건 빨리 높이 오르기만 하면 될 것처럼 말이다.

미래 역량 너머에 있는 다른 말을 찾다가 발견한 것이 아이의 미래를 떠받치는 더 깊은 마음의 소리, 바로 '행복'이었다. 인간은 누구나 자신이 좋아하는 일을 할 때 행복하다. 짧든 길든 그 행복한 순간에 자발적으로 움직인다. 물론 그 사실을 알면서도 그 행복한 순간을 누리기가 쉽지 않음을 잘 안다. 그렇게만 살 수도 없고, 부모가 무조건 아이가 행복한 순간만을 맞춰주며 살 수도 없다. 그럼에도 학교나 사회에서 만나는 특별한 결과들을 보면, 정말 자신이 하고 싶어 움직인 성취는 성적이나 성과 이상의 가치를 담고 있음을 확인한다.

"뭐든 자기가 좋으면 어떻게든 하는구나."

부모가 소망하는 아이의 삶에 '행복'이란 말이 빠질 수 있을까? 아이 스스로 움직이는 모든 일의 과정에는 행복이 스며 있다. 그게 우리가 바라는 아이의 미래 아닐까? 생각해보면 우리 모두 알고 있는 진리인데 말이다.

'나'를 탐구하는 습관

실제 대학 현장에서는 수업을 넘어선 탐구, 각양각색의 프로그램을 활용한 활동이 활발히 진행되고 있다. 전공 하나 공부한 걸로 100년이 넘는 수명을 살아갈 아이들의 평생을 보장할 수 없기에, 본래 전공에 덧대어 다양한 시도와 실험의 기회를 제공하기 위함이다.

학교에 있다 보면 이런 프로그램을 적극 활용해 주어진 교과 공부 외에 자신의 능력을 향상하고자 노력하는 학생들이 종종 눈에 띈다. 이런 학생들은 자기 전공 관련 분야를 탐색해 자신의 것으로 만드는 데 적극적이다. 누군가와 경쟁하는 것이 아니라 자신의 부족함과 아쉬움을 채우고 익히는 것이다. 배움의 열정이 남달라 긍정적 에너지로 가득하다. 때론 "너희 어머님을 뵙고 싶다. 집에서 평소 어떻게 키우셨니?"라며 노하우를 공유받고 싶은 마음이 들기도 한다.

성적만으로 남다르다고 평가하는 것이 아니다. 생활 태도와 습관의 문제다. 같은 대학, 같은 학과에 입학한 아이들의 성적 차이가 뭐 그리 크겠는가? 다만 남다른 성장세를 보이는 아이들을 보면 자신의 배움과 채움에 부끄러움이 없고 질문하고 탐색하는 태도가 몸에 배어 있다. 무엇보다 자기 자신에게 집중한다는 점이 눈에 띈다. 매우 중요한 부분이다. 내가 누구이고, 어떤 바람을 가지고 있고, 내 미래를 어떻게 설계하고 싶다는 나름의 주관이 서 있기 때문에 스스로의 동기로 부지런히 움직인다. 그 속에서 새로운 일로 확장하고 기회를 얻기도 한다.

'나'를 끊임없이 탐구하는 습관이 몸에 배면 결과적으로 자신의 삶에 충실하게 된다. 다른 누군가와 비교하는 것이 아니라 내 안을 스스로 채워가는 과정에서 남다름이 만들어지기 때문에 결과적으로 '나'다워진다.

내가 가는 길을 새로운 길로 만들기까지

코로나19가 발발한 첫해 가을 학기, 내 연구실로 학부생 3명이 찾아왔다. 당시 학교에서는 다양한 방식으로 학점을 이수하는 프로그램을 운영하고 있었다. 한 학기 동안 학과에서 지정한 과목을 듣고 학점을 이수하는 일반적인 방식이 아니라 학생 스스로 목표를 정하고 계획을 세워서 지도교수의 관리 아래 프로젝트를 진행하면 그에 따라 학점을 인정해주는 프로그램인데 학생들이 여기에 신청하고 싶다는 이유였다. 당시 학생들은 코로나19 시기에 의미 있는 프로젝트 공모에 몰입해보고 싶어 했다. 학생들은 모두 평소 우수한 모범생들이었다. 주어진 과제에 충실하고 자신의 생각에 솔직하며, 태도마저 좋은 아이들이라 별로 걱정할 게 없었다. 그런데 막상 초기에 세웠던 계획은 계획일 뿐, 목표를 달성하기 위해 실천하는 과정은 만만치 않았다. '주도적'이라는 말에는 계획력을 비롯하여 실천하는 힘, 절제할 줄 아는 힘, 추진할 수 있는 힘과 같은 여러 세부 요소가 포함되어 있지만, 그것을 실천하는 일은 만만치 않았다. 여타의 과제들처럼 중간 평가, 기말 평가, 과제, 퀴즈 등 교수자가 설정한 방법으로 학습 정도를 점검하고 점수를 받는 것이 아니라 스스로를 진단하며 서로를 이끌어야 했다. 심지어 나태해지고 느슨해질 때 자극을 주는 것도 자신들의 몫이었다.

결과적으로 3명의 학생들은 출품을 예정했던 작품의 수준도 평소 능력치보다 낮았고, 후회 없는 과정이었는가에 대해서도 스스로 만족하지 못하는 지경에 이르렀다. 관계가 어그러지지 않은 게 다행이었다. 그나마 이렇게 끝낼 수 없다는 뒤늦은 후회와 각성이 아이들을 새롭게 일으켜 훗날 아름답게 이야기할 수 있는 에피소드를 만들 수는 있었지만 원래 목표로 했던 공모전에서는 이렇다 할 성과를 내지 못했다.

성과는 오히려 다른 데에서 나왔다. 스스로 프로젝트에 임하는 태도와 자세에 대한 자각이 생기자 진심에서 우러나온 반성은 능동적으로 움직이는 동력이 되었다. 말로만 외치는 '스스로'가 아니라, 마음에서 비롯된 움직임이 시작되자 생각지도 않았던 성과물들이 나왔다. 작품 출품만 하려고 했던 아이들이 처음 계획과 달리 논문 작성을 하거나 추운 겨울 직접 여러 공간 현장을 다니며 학습의 과정을 기록하기도 했다.

이런 열정은 학기가 끝나도 멈추지 않고 방학까지 이어져 새로운 목표를 세우기에 이르렀다. 새로운 멤버까지 보강하며 공모

전에서 다하지 못한 말, 영감을 받기 위해 다녔던 여러 답사지에서의 생각을 글과 손그림으로 엮어 정식으로 책을 출판하기까지 했다. 이는 난순히 책을 냈다는 데 의미가 있지 않다. 자신들이 원하는 방식대로 표현할 수 있다는 자신감을 얻은 것이고, 책이라는 매개를 통해 20대 초반 젊은이들의 생각을 관련 분야에 알린 일이기도 하다.

딱히 내가 해준 일은 없었다. 일명 '차담(茶啖)'을 하면서 작은 찻잔이 비면 따라주고 또 따라주며 그들의 이야기를 들어주고 또 들어주었다. 그리고 자주 물어봤다. "정말 이게 너희가 하고 싶은 거니?" "뭘 하고 싶었던 거니?" "후회는 없니?"

결과적으로 책을 출판한 일은 프로젝트를 진행한 아이들을 비롯해 주변 학생들에게도 자극을 주었다. 자발적으로 시작한 일들이 결과물을 내자, 그 과정에서 크고 작은 성장의 가치를 스스로 평가해보는 중요한 경험을 쌓을 수 있었다. 어떤 평가 기준보다 자신들을 움직인 그 '첫 마음'이라는 기준이 무엇보다 엄정하고 날카로웠다. 학생들은 남들이 해보지 않은 일들을 주도적으로 실천하는 과정에서 성취의 기쁨을 오랫동안 누렸다. 누구도 가져보지 못한 행복의 시간을.

지속 가능한 성장을 위한 3가지

사회가 많이 달라졌다. 한 방향으로만 가고 있지도 않다. 예전엔 길 같지도 않던 길들도 길이라 불린다. 직업의 형태도, 일하는 방식도, 인정하고 인정받는 양태도 달라지고 있다. 그런 점에서 당장 필요한 무언가를 바로 챙겨주는 것보다 한 걸음 물러나 넓게 멀리 바라보는 마음가짐의 중요함을 생각하게 된다. 무엇보다 아이들의 행복한 삶, 그것을 위해 지속 가능한 성장을 할 수 있도록 체력과 체질, 면역력을 길러주는 일이 중요하다. 자신만의 생각을 가지고 적합한 방식으로 표현함으로써 얻게 되는 '나'만의 고유성들이 모여 다양성을 존중받는 세상을 꿈꾸며 주도성, 표현성, 다양성 3가지에 주목하게 되었다.

우선 주도성을 제일로 꼽는다. 동기부여와 비슷한 개념으로 자신의 실천 의지에 해당된다. 게임을 하더라도 자기 주도로 하지 않으면 곧바로 흥미를 잃지 않던가? 이것은 거의 본능에 가깝다. 동기부여가 "무엇이 되고 싶다, 무엇을 하고 싶다"는 개념이라면, 주도성은 "내가 이끌어 보고 싶다", 즉 '나'라는 주체가 주도권을 가지고 있는지가 핵심이다. 주도성은 연동 효과가 있다. 인간은 뭔가를 한번 완성하면, 그 경험을 바탕으로 새로운 응용을 시도한다. 거기서 얻은 자신감과 성취감은 인정 욕구로 채워져 꾸준히 지속할 수 있는 힘으로 작용한다. 공간은 그런 면에서 좋은 학습과 연습의 장이다.

아는 것이 아무리 많아도 세상 밖으로 표출하지 않고 자신만의 것으로 표현하지 않으면 개인의 취미나 취향일 뿐이다. 표현하는 힘이 자산인 시대에 표현력은 그 어느 시대보다 주목받고 있다. 그러므로 아이가 어떤 표현에 뛰어난지를 파악하는 일 역시 중요하게 여겨진다. 그리는 것이 편한 아이는 손그림이든, 디지털 그림이든 도구만 달라질 뿐 그린다는 표현력을 무기로 삼아 일을 찾고 그 안에서 성취감을 높일 수 있다.

현재 급변하는 기술로 인해 개인의 생각을 표현하는 방법과 결과 역시 다양하게 등장하고 있다. 누구라도 배우고 활용할 수 있는 매체들이 쉽게 보급되면서 개인의 성향과 기호에 맞는 표현력을 갖출 수 있게 되었다. 자신에게 맞는 표현력을 찾아보자. 어떤 식으로든 자신의 콘텐츠를 아웃풋(out put)으로 드러내는 시대가 되었으니 말이다. 아이들 역시 새로운 경험에 자기의 개성이 어우러질 때, 그런 연습과 감각을 익힐 때 다종다양한 표현들이 분출할 것이다.

추동력은 '자신을 아는 것'

우리 아이들은 기존에 있는 회사와 직업을 구하는 것이 아니라 창작의 주체로서 본인이 새로운 분야와 직장을 만드는 시대를 살아갈 것이다. 그러니 급변하는 세상에서 표류하지 않고, 살고 싶은 대로 살기 위해 지속적으로 배우고 익히는 힘이 무엇보다 중요하다.

그 추동력이 바로 '자신을 아는 것'이다. 자신의 주도로, 의지대로 하는 것만큼 오랜 지속력을 발휘할 수 있는 것은 없다. 오래 지속해야 다양한 시도를 통해 자신에게 맞는 표현법을 찾을 수 있기 때문이다. 전문성을 가르치는 대학의 고등교육도 1 : 1 맞춤이 아니기에 스스로 필터링을 해서 자신에게 맞는 학습을 해야 한다. 교수는 수십 명, 수백 명에게 똑같은 지식을 전달할 뿐이다. 이 가운데 자신에게 유용한 것들을 버무려 자신의 무기로 만드는 일은 결국 학생의 몫이다. 무엇을 하든 스스로 하는 것만큼 자신을 일으키는 것은 없다. 그 주관에 따라 자신만의 표현력을 가지고 다양성을 인정하고 인정받는 자세를 갖추어야 한다.

아이를 위하는 엄마의 노력의 끝이 결국 아이의 가장 행복한 삶에 닿아 있다. 따라서 그 기저에 있는, 내 아이가 바라는 것에 주목해야 한다. 공간을 통해 주도성, 다양성, 표현성을 채워줌으로써 아이가 성장할 수 있다고 생각한다.

2장

세상의 변화를 읽는
엄마로 성장하자

엄마의 시점을
미래로 이동하라

아이와 함께 성장하는 엄마가 되기 위하여

백발의 짧은 머리를 뒤로 넘기고서 자신의 분위기에 어울리는 화장을 하고 당당한 표정으로 앞을 응시하는 노년의 한 여성이 있다. 70세를 훌쩍 넘기고도 국제적인 모델로서 우리가 잘 아는 《타임》지 표지를 장식했고, 《보그》, 《코스모폴리탄》, 《얼루어》 같은 패션 잡지에서 여전히 활동하는 입지전적인 인물이자 실력 있는 임상영양사이기도 하다.

노년이 된 지금, 인생의 황금기를 맞이했다고 하는 그녀. 하지만 가정 폭력과 학대에 시달리다 31세에 세 아이를 데리고 싱글맘이 되어 치열한 삶을 겪어야 했던 젊은 날들은 그리 호락호락하지 않았다. 경제적 궁핍과 한부모 가정에서 세 아이를 양육하는 일은 세계 어느 나라에서나 고된 일이다.

오늘과 같은 날들을 예견한 건 아니지만 하루하루를 그저 버티기로 체념하지 않았나. 어려운 여건 속에서도 자식들과 함께 더 나은 내일을 꿈꾸고 대비했다. 모델로서는 많은 나이와 과도한 저체중 요구에 대항해 플러스사이즈 모델로 활동했다. 영양사로서는 균형 잡힌 식생활의 중요성을 신념으로 삼아 영양학 석사 학위를 2개나 취득하며 끊임없이 공부해 평생 바른 식습관을 형성하고자 노력했다. 필요하면 다른 나라로 이주해 환경의 변화를 통해 삶에 활력을 주는 계기를 마련하기도 했다.

중년이 되어서는 장성한 자식들이 의기투합하여 창업하겠다고 나섰을 때, 그 뜻을 지지하며 자신의 재산을 털어 힘을 실어주었다. 그리고 후에 그 자녀들은 어머니의 믿음에 보상이라도 하듯 그 신뢰를 깊고 단단한 뿌리로 삼아 하늘 위로 높이 오를 꿈들을 세상에 펼쳐내는 중이다.

아무리 믿고 또 믿는 자식이라 하지만 자식을 믿는 것만큼 힘든 일이 없지 않은가? 한 치 앞도 모를 미래에 아들들의 꿈을 위해 자신의 자산을 내놓을 수 있다는 것은 평소 자식에 대한 신뢰가 보통이 아니고서는 불가능한 일이다. 미래를 기대한다는 것은 말처럼 쉽지 않다.

그렇게 절대적 신뢰를 보내는 어머니 밑에서 자란 자식들은 어떤 길을 걸어갈까? 때론 어렵고 지치는 날들도 있겠지만, 그런

강한 믿음이 자식들을 다시 일으켜 세우는 동력이 되지 않았을까? 비단 자식에 대한 신뢰 문제가 아니라, 자신의 목소리에 귀 기울이며 깊이 생각하고 소신껏 행동하는 삶을 살았고, 그것이 자식에게도 영향력을 미친 것이라는 생각이 든다.

그 과정을 담은 자서전 《메이 머스크 : 여자는 계획을 세운다 (A Woman Makes A Plan)》(김재성 옮김, 문학동네, 2021.) 표지를 장식한 그녀의 모습은 여느 힘없는 노인이 아니다. 자기 스스로를 사랑하고 가꿀 줄 아는 당당한 한 사람이자 세 아이의 엄마로서 세상을 향한 모험과 아름다움, 그리고 성공에 관해 깊이 있는 이야기를 해줄 수 있는 단단한 연륜이란 옷을 입은 매력적인 풍모의 여인이다.

그녀의 노년이 단순히 화려한 경력으로 점철되어 있기에 주목하는 것이 아니다. 삶의 여정에서 보인 강한 정신력과 주도적인 실천력, 미래를 준비하고 개척하는 과정에서 역경을 이겨내고자 하는 의지가 돋보이기 때문이다. 무엇보다 자식을 하나도 아니고 셋씩이나 소신껏 키워낸다는 그 책임감이 얼마나 무거운지를 알기에 자신의 삶을 일구면서 자식들과 함께 성장하고자 노력한 그 인생에 찬사를 보내지 않을 수 없다.

상상해본다. 미래의 나는 어떤 엄마일까? 내 나이 70세에 패션 잡지를 장식할 거라는 기대는 없지만, 70세가 되었을 때 나 스스로 자신감 있고 활기차다고 말할 수 있을까? 그런 엄마로서 함께하고 싶다는 욕심과 꿈을 이룰 수 있을까?

엄마라는 대지가 피워낸 결실

노년의 이 여인은 우리가 잘 아는 테슬라의 CEO 일론 머스크 (Elon Reeve Musk)를 낳고 키운 메이 머스크(Maye Musk)이다. 그녀의 이야기를 알기 전 뉴스에서 접한 일론 머스크의 행보는 그저 기이하고 예측 불허의 괴짜 기업인으로 보였다. 그런데 그 어머니인 메이 머스크를 알게 되고 그녀의 성장 환경과 그 안에서 형성된 인생의 가치관 그리고 자식 교육에 대한 남다른 태도를 알게 되자 일론 머스크가 세상이라는 도화지에 펼쳐내는 그림들이 단순한 개인의 기행을 너머, 어머니라는 대지 위에서 피워낸 남다른 꽃일지도 모르겠다는 생각이 들었다.

그렇다면 메이 머스크는 어떤 대지 위에서 피어낸 결실일까? 그녀의 어머니와 아버지 역시 범상치 않았다. 다섯 남매를 둔 메이의 부모는 모험가였다. 온 가족을 이끌고 GPS나 라디오도 없는, 캔버스 천으로 마감한 프로펠러를 단 작은 비행기를 타고 캐나다, 미국, 아프리카, 유럽, 아시아, 오스트레일리아를 누볐고, 매년 겨울이면 잃어버린 도시를 찾겠다며 카라하리 사막 (Karahari Desert)을 헤맸다고 한다. 1900년대 중반의 일이었다. 겨우 3주 정도 버틸 물과 음식만 마련해서 떠났다고 한다.

이 가정에서 벌어진 모험과 도전이 한 해 내내 얌전히 있다가 겨울에 어쩌다 한 번 일어난 이벤트일까? 크고 작은 모험과 도전이 일상 곳곳에 묻어 있었을 것이다. 공기처럼 가득 차 있던 탐험 정신이 어느 한 시기가 되자 압축적으로 뿜어져 나왔을 뿐, 부모가 삶을 대하는 자세와 태도, 생각과 표현 면면에 배어 가족 전체의 분위기로 자리 잡아 아이들이 자연스럽게 익혔을 것이다. 그렇지 않고서는 5명의 아이를 무리해서 데리고 다닐 수는 없을 테니 말이다.

그런 면에서 메이 머스크는 분명 부모로부터 모험가이자 개척자의 기질을 물려받았고 잘 훈련받았다고 생각한다. 뜻이 있는 곳으로 달려가 적극적으로 탐색하고, 발견하고, 쟁취하는 일련의 선구자적 기질을 자신의 아이들이 물려받아 나름의 삶을 개척할 수 있도록 모범을 보이고, 자신감을 주었을 것이다.

미래, 준비하는 이에겐 파티 타임

그녀의 아버지는 모험을 찾아 나서면서도 예상치 못한 것들에 대해 준비할 것을 강조했다. 준비만 되어 있다면 위험은 감수할 수 있다는 것을 알고 있었기 때문이다. 그래서 노년의 여인은 인생을 회고하는 책의 앞머리에 어린 시절 가족의 모토로서 자신을 지금껏 살게 한 말, "live dangerously-carefully(위험하지만 주의 깊게 살아라)"를 언급한다.

'위험하게(dangerously)'란 무슨 의미일까? 우리는 늘 자식이 안정적으로 살길 기대한다. 그 안정을 누가 주는지, 무엇으로 보장받을지는 모르겠지만 항상 자식의 평탄한 인생을 기원한다. 그런데 그녀의 부모는 안주하는 삶에 머무르지 말라고 이야기한다. 인생에 모험심을 가지고 도전적으로 임하라고 독려한다. 진취적인 태도로 행동했을 때 얻게 되는 새로운 기회와 성취를 위해 때로는 위험마저 감내해야 한다고 말이다. 그리고 아이들과 함께 실천하며 몸소 보여주었다.

'주의 깊게(carefully)'는 인생에서 위험을 감내하는 동시에 그에 대응할 만반의 태세를 갖추라는 의미라고 생각한다. 세상은 시시각각 변화하고 때로는 급변하는 속에서 위험을 감내해야 할 일도 생긴다. 그러나 인간은 태생적으로 가만히 당하고 있는 동물이 아니기에 미래를 예상하고 준비할 수 있는 힘을 강조하는 것이 아닐까?

상반된 두 단어의 결합은 많은 생각을 하게 한다. 부모의 품을 떠나 알 수 없는 미래를 살아갈 자식들에게 삶의 큰 방향계 역할을 했을 것이다. 두 단어 사이의 간격은 크지만, 자녀들은 살면서 그 사이를 크고 작은 성공과 실패로 채우며 세상을 대하는 태도와 자세를 크고 깊게 만들 수 있었으리라.

여기서 핵심은 준비다. 준비되어 있다면 우리는 어떤 이해받지 못할 길을 간다 해도 겁날 것이 없다. 누군가의 시선이 중요한 게 아니라, 나름의 준비를 갖추고 내가 하고 싶은 일을 하는 것이기에 소신과 방향에 대한 고민만 충분하다면 당당히 나아가도 좋다. 거기에 탄탄하게 준비해온 것을 밖으로 드러낼 용기와 담력까지 갖춘다면 더할 나위 없지 않을까?

우리는 오늘을 살면서 내일을 준비한다. 내일, 또 그 내일을 미래라고 부른다. 모든 걸 예상할 수는 없지만, 예견되는 것들에 대비하고 준비하는 자세, 그것이 시대를 이끄는 사람들의 태도이다. 그런 미래는 너른 대지와도 같은 가정과 부모로부터 출발한다는 것을 다시 한 번 생각할 필요가 있다.

엄마의 네트워크
확장이 필요하다

식탁 옆 세계지도 위에서 세상 이야기 찾기

오늘도 큰아이는 식탁 옆 벽면에 붙어 있는 세계지도 위에 손가락을 옮겨 가며 이탈리아를 찾는다. 이유인즉슨, 핫플레이스로 채워지는 성수동의 한 전시에서 '이탈리아'라는 나라가 등장했기 때문이다. 지인의 전시에 채워진 오브제들은 이탈리아에 살면서 하나하나 모은 갖가지 빈티지들로, 그 공간을 채우는 모양과 분위기도 다양했다.

나는 아이에게 전시 이야기를 해주었고, 지인이 산다는 밀라노가 어딘지 아이에게 찾아보라고 했다. 숨은 그림을 찾듯 장화 모양의 반도를 찾아 유럽 어딘가를 헤맸다. 이탈리아 이야기가 나온 김에 베네치아에서 곤돌라를 타고, 밀라노에서 두오모 성당 위에 올라가고, 로마의 트레비 분수 앞에서 젤라토 아이스크림 먹는 날이 오면 좋겠다는 넋두리를 했더니, 아이는 가보지 못한 그 땅의 이야기를 한껏 궁금해했다. 그리고 '그리스 로마 신화'에 나오는 그 '로마'가 이 '로마'인지도 물어본다.

엄마가 보고 들은 이야기는 아이가 새로운 생각을 해볼 수 있는 마중물과 같다. 그리고 세계지도 한 장에서 아이는 자기만의 이야기를 펼쳐낸다. 평소 크고 작은 지도를 집 안 곳곳에 붙여두었다. 세상에는 오랜 역사를 거치며 수많은 이야기들이 전해지고 있다. 대부분 이 지구상에서 일어난 어제, 오늘, 내일의 일들이기 때문에 일종의 축을 만들어준다는 개념으로 어릴 적부터 지도를 붙여두고 자주 활용해왔다. 그래서인지 큰아이에게 지도 보기는 역사나 지리와 같은 공부 과목이 아니라 그림 찾기와 같은 놀이에 가깝다.

노랗고 파란 것은 무엇?

지도 보기를 놀이처럼 하는 큰아이는 글을 잘 모를 때도 세계지도를 보면서 지구에서 가장 큰 땅을 가진 러시아에 가고 싶다는 말을 자주 했다. 그런 아이에게 최근 러시아가 우크라이나를 침공한 사건은 궁금증을 불러일으키는 블랙홀과 같았다. "엄마, 러시아가 지구에서 땅덩어리가 제일 큰데, 왜 땅이 더 필요해요?" "러시아 사람들이 전쟁을 하면 뭐가 좋은 거예요?" "우크라이나는 다 망가졌던데, 러시아는 그런 데서 뭘 하고 싶은 거예요?" "우크라이나 사람들이 많이 죽어가는데, 왜 빨리 전쟁이 안 끝나요?" 궁금한 것이 날이 갈수록 많아진다.

사실 나도 이번 전쟁이 발발하기 전까지 우크라이나에 대한 어떤 인상이나 관심이 없었다. 매일 전해지는 뉴스를 들으며 여러 감정이 드는 것 외에는 달리 아이와 나눌 충분한 지식이나 관련 정세에 대한 이해도 높지 않았다. 처음에는 콸콸 쏟아지는 아이의 궁금증 앞에서 나눌 수 있는 이야기의 폭이 넓지 않아 그저 "이제 함께 알아보자"는 마음을 먹을 뿐이었다.

얼마 후 저녁 식사 자리에서 우크라이나와 관련된 이야기가 나왔다. 낮에 본 케냐의 48개월 된 여자아이 이야기였다. 태어난 지 몇 개월 된 영아도 아닌데, 5kg밖에 되지 않은 아이는 스스로 앉아 있을 힘이 없어 소쿠리에 기대어 있었다. 마음 아픈 사연이었다. 큰아이는 집에서 잘 먹고 잘 노는 동생과 비슷한 또래의 아기 몸무게가 그 정도로 작다는 것에 말도 되지 않는다는 반응이었다.

관심이 있는 듯해 이야기를 좀 더 끌고 나갔다. 러시아 침공으로 인해 세계 최대 밀 생산국인 우크라이나의 밀 수출이 어려워지면서 이 아프리카 아이를 위협하는 식량난이 더욱 심각해졌다는 내용이었다.

우크라이나는 엄청난 양의 밀을 생산하는 세계적인 곡창지대다. 그래서 밀밭을 상징하는 노란색과 하늘빛을 상징하는 파란색이 국기에 표현된 것이라는 이야기도 곁들여주었다. 그런 곳이 전쟁터가 되어 밀 수확이 어려워지자 멀리 아프리카 아이의 삶에까지 영향을 미친다는 이야기로 연결되었다. 게다가 최근 밀가루나 팜유 가격이 오르면서 과자와 파스타, 짜장면 값도 덩달아 오르고 있다. 우리 생활 물가 전반에 영향을 준다는 이야기도 마트에 갈 때마다 들려준다. 전쟁이 오래가니 원료도 부족하고 기름도 비싸진다. 뭐 하나 좋은 뉴스가 들리지 않는 요즘, 아이는 그렇게 먼 나라의 전쟁 하나로 인해 벌어지는 갖가지 일들을 하나씩 알아가고 있다.

아이는 집에 편안히 앉아 벽에 붙은 세계지도 위에서 얼굴도 모르는 사람들의 사연들을 엮어 러시아와 우크라이나, 케냐 사이를 오가고 있었다. 나비효과처럼 저 멀리 딴 세상 이야기가 나의 현실이 되는 오늘을 살고 있다는 것을 확인한다.

아이의 머릿속에는 확실히 우크라이나의 노란 밀밭과 푸른 하늘이 각인된 듯했다. 며칠 뒤 내가 운전하는 차를 타고 외출하던 길이었다. 도로 공사 현장을 지나가다 노랗고 파란 기둥을 보고는 "우크라이나?"라며 농담을 던지는 게 아닌가? 나도 장난기가 발동해 아이의 머리를 혼란스럽게 만들어보기로 했다. "노랑, 파랑이 있으면 우크라이나? 그럼 이케아(IKEA)는 전부다 노랑, 파랑인데, 그럼 이케아도 우크라이나를 의미하는 거니?" 아이는 헷갈려했다. 분명 이케아 곳곳에서 우크라이나를 생각해본 일이 난 한 번도 없었기 때문이다.

나도 아이의 생각 파편들을 얼마나, 어디까지 연결해볼 수 있을지, 그게 또 아이에게 얼마나 흥미롭고 도움이 되는지, 또는 옳은지 잘 모르겠다. 그러나 나는 어릴 적 부모님들이 내가 알든 모르든 주고받는 이야기 속에서 나름대로 세상 퍼즐을 맞춰나갔던 순간들, 그 흔적들을 기억한다. 성장 과정에서 그것에 동의를 하든 안 하든 아이에게 부모라는 필터가 천천히 자연스럽게 덧씌워진다는 걸 느낀다.

국제 정세의 민감한 부분은 잘 모르지만 나는 뉴스에 나오는 작은 파편들에서 힌트를 얻어 우크라이나와 관련된 세상 소식을 아이의 관심에 따라 전해주었을 뿐이다. 문화, 언어, 풍습, 지리, 역사, 패션, 요리 무엇이든 엄마가 이야기해줄 부분이 있다면 아이에게 살짝 갖다 붙여주기만 하면 된다. 아이는 생각보다 더 많은 가지들을 연결해 우리가 생각하는 것 이상으로 다양한 이야기들을 만들지도 모른다.

아이의 뇌는 새로운 것에서 자극을 받는다

물리학 박사이자 뇌과학자인 정재승 카이스트 교수가 〈EBS 초대석〉에서 다룬 "창의적인 뇌는 무엇이 다른가?"라는 주제의 영상을 보게 되었다. 이 인터뷰에서 정재승 교수는 창의력과 연관된 뇌의 영역과 반응에 대한 이야기를 들려주었다. 창의력의 중요성에 대해서는 입이 아플 정도로 이야기하는 세상을 살고 있기에, 어떻게 하면 아이의 뇌 발달에 도움을 줄 수 있을까 하고 귀를 쫑긋 세웠다.

많은 과학자들이 뇌를 관찰해 창의력과 관련된 부위가 어디인지 연구해왔지만 창의적인 영역을 담당하는 특정 부위가 아직까지는 발견되지 않았다고 한다. 정작 흥미로운 내용은 그다음이었다. 사람이 창의적인 사고를 하는 순간 뇌에선 하나의 영역이 아닌, 평소 신호를 주고받지 않던 여러 영역들 사이에서 신호를 주고받는 모습이 발견된 것이다. 창의적인 사고를 특별히 담당하는 뇌 부위는 없지만, 창의적인 사고를 할 때 뇌의 여러 부위가 반응한다는 것은 의외의 발견이었다.

중요한 것은 이렇듯 뇌가 반응하는 이유가 평소에 하지 않던 일이나 상황에서 새로운 자극을 받았기 때문이라는 점이다. 평소 연결되지 않던 뇌의 영역들이 서로 신호를 주고받으며, 다름에서 오는 자극으로 인해 창의적인 사고를 하게 된다는 이야기다.

창의력은 무에서 유를 창조하는 일이라기보다 기존에 있던 것들을 필요에 따라 새롭게 조직하고 구성하는 힘이다. 창의력은 벼락처럼 갑자기 하늘에서 떨어지는 것이 아니라 세상에 이미 존재하는 지식들을 연결하는 것이다. 따라서 필요한 순간 상호 작용할 수 있도록 평소 다양하고 풍부하게 각종 정보를 습득해 저장해두는 일을 소홀히 할 수 없다.

다만 다음 단계까지 고려해야 한다. 단순히 지식만 아이의 머릿속에 넣어주고 그 지식이 머리에 잘 저장되었는지를 확인하는 것에 그치면 안 된다. "어떻게 연결해서 표현해낼 수 있을까?" 하는 부분까지 고민해야 한다. 지식을 보유하는 것만으로는 더 이상 차별화를 이룰 수 없는 시대다. "저장된 지식들이 가지고 어떻게 서로 시너지를 내게 할 수 있을까?" 하는 단계에서 부모는 좀 더 세상의 다양한 관심사를 아이에게 연결해줘야 한다.

'남들과 다르게'를 심어주는 엄마가 되자

대학 동기 중에 유명 디자이너가 된 친구가 있다. 기업의 대표가 되고 자신의 생각을 펴낸 책과 그의 명함 속 한 문장을 통해 그가 바라본 세상이 나와 다르지 않다는 것과 색다른 작품들로 호평받는 이유에 대해 생각해볼 수 있었다.

"We may see the same thing but we think differently!(같은 것을 봤지만 우리는 다르게 생각한다!)"라는 문장이 마치 하나의 선언

처럼 들린다. 나와 다른 견해를 갖고, 그 다름을 발견할 수 있는 힘을 키우고, 용기 내어 표현하는 사람들에게 열광하는 것은 당연하다.

창의력이 요구되는 창작의 영역에서 "같은 걸 보더라도 다르게 생각하는 연습"은 필수적인 훈련이다. 다른 사람들의 생각을 그대로 수용하거나 습득하는 것이 아니라 차이점을 발견하고, 나아가 자신만의 새로운 견해를 만들어내야 하기 때문이다. 대학에서도 학생들과 수업할 때 같은 내용을 다르게 바라보려는 노력을 통해 성취를 이룬 학생들에게 더 많은 관심이 간다. 단순히 괴상한 것이 아니라, 내가 미처 보지 못했던 새로운 시선과 시각을 틔워주는 그 다름에 놀란다. 비단 교육 현장뿐만 아니라 사회에서도 다르게 볼 수 있는 사람과 그 다름에 많은 가치를 부여받는다. 그리고 새로운 도전과 그것을 드러내는 용기에 찬사를 보낸다.

사회는 이렇게 흘러가고 있는데 정작 아이를 키우는 입장에서는 '모난 돌이 정 맞는다', '혼자 튀지 마라', '평범한 게 좋은 거다'라는 관습적인 표현들이 아직도 유효하다. 아이들 하나하나의 개성과 특질, 재능과 장기를 세심히 바라보기에 앞서 누군가의 눈에 거슬리지는 않을까 걱정하고 타자의 시선으로 아이를 재단하는 경우가 적지 않다. 그러다 보니 아이가 가진 고유의 다름이 거칠게 깎이고 문드러져 하나의 틀에서 찍혀 나오는 공장의 제품처럼 남다를 게 없다.

평준화된 아이들이 양산되다시피 사회에 나오면, 꼭 내 아이가 아니어도 다른 아이가 얼마든지 그 자리를 대신할 수 있는 상황, 나아가 기계가 대신하는 미래를 맞이할 것이다. 사회생활도 마찬가지다. 다른 누군가로 충분히 대체 가능하다면 꼭 그 사람이 아니어도 되기에 그만큼 존중받는 삶을 살기 어렵다.

그런 점에서 각 부문에서 탁월한 성과를 보이는 유대인들의 교육법은 인상적이다. 바로 "남들과 다르게 하라"는 말이 일상의 교육에서 강조되기 때문이다. 남들과 다르다는 것은 단순히 개성의 문제가 아니라 내가 존재할 이유다. 그렇기에 남들과 다르기 위해서는 부모가 어떻게 심지를 다지고 교육에 임해야 하는가부터 살펴봐야 한다. 말처럼 쉽지 않지만 그렇다고 손 놓고 있을 수도 없다.

나는 그 가운데 일상에 녹아 있는 유대인들의 토론 문화에 주목하게 되었다. 유대인들이 도서관에서 공부하는 모습을 보면, 시끄러운 시장만큼이나 정신 사납고 왁자지껄하다. 둘씩 짝지어 자신이 공부한 내용들을 엮어 상대를 설득하고 설득당하는 과정을 반복한다. 토론하기 위해서는 참여자 한 사람 한 사람의 존재가 분명히 살아 있어야 한다. 옆에서 박수만 쳐주고 듣기만 할 요량이면, 누구여도 상관없는 방청객과 다름없다. 토론은 자신의 지식을 정비하고 부족함을 파악할 수 있고, 나아가 새로움을 자극받는 기회를 만들어낸다. 나도 생각들을 입 밖으로 꺼내어 정리를 많이 하는 편이다. 상대방의 반응을 보면서 무엇이 부족한지를 알게 되는 순간 새로운 영감이 떠오르기도 하고 방향이 수정되기도 한다. 때론 새로운 에너지가 샘솟는다.

사용자들의 특성을 고려한 유대인의 도서관은 공간 디자인 역시 남다르다. 자유롭게 떠들 수 있도록 조성된 공간에서 토론이라는 형식으로 자신의 남다른 생각을 표현하며 활발한 지적 자극을 주고받는다. 유대인들을 키워낸 토론 문화는 그들의 가정, 학교, 도서관, 어디서든 펼쳐진다.

우리나라의 가정에서 갑자기 토론 문화를 이끌어내는 것은 쉽지 않다. 그러나 중요한 것은 당장 실천하는 토론이 아니라, 토론을 펼칠 만큼 자유로운 생각을 받아줄 분위기, 태도 그리고 그런 자극을 주고받을 수 있는 공간에 우리 아이들이 얼마나 노출되어 있는가 하는 것이다. 아이와 이야기를 풀어가는 토론의 장으로서 우리 집을 떠올려보자. 갑자기 토론을 잘하기는 쉽지 않다. 그러나 형제자매 또는 부부간에 맹렬히 싸울 때의 전투 태세를 생각해보면, 논쟁을 벌이는 자질은 충분하다. 토론다운 토론을 할 수 있도록 집에서부터 크고 작은 이야기를 시작해보자.

엄마의 생각 크기가 아이의 미래 크기를 만든다

새로운 연결의 계기는 비슷하게 반복되는 것이 아니라 낯선 자극들에서 비롯된다. 이런 자극을 주는 방법 중 하나가 환경, 즉 공간의 변화이다. 아이의 뇌에 담긴 각종 지식이 특정할 수 없는 변주를 이루는 데 이런 자극이 도움을 줄 수 있다.

아이가 24시간을 지내는 상황부터 떠올려보자. 마주하는 사람들은 누구인지, 듣고 보는 이야기의 종류와 범위, 시대는 얼마나 넓고 깊은지, 취하는 정보와 지식은 얼마나 다채로운지……. 아이의 사고에 변화를 줄 수 있는 여지가 생활에 얼마나 녹아 있는지, 그리고 그 가운데 중요한 역할을 하는 엄마의 하루도 한 번 생각해볼 일이다.

아이가 어릴수록 부모가 미치는 영향은 크다. 그리고 그 자극의 효과는 더 크다. 특히 부모가 쓰는 말, 부모가 듣고 보고 나누는 많은 일들 모두 평소 연결되지 않던 뇌 영역들이 서로 신호를 주고받는 자극제가 된다. 그러니 그 토양이 되는 엄마들부터 지적 자극을 주고받는 일, 그것을 나누는 일에 대해 좀 더 폭넓게, 다양하게, 때론 깊이 접근하기를 주저하지 말아야 한다.

새로운 이야기를 꺼내고 새로운 생각을 나누는 깨어 있는 엄마이길 바라지 않는가? 엄마의 사고를 확장함으로써 아이와 나눌 수 있는 이야깃거리를 발견하고 때로는 견인하고 공감하는 일련의 과정 자체가 아이를 어른의 세상으로 차근히 인도할 수 있게 한다. 아직 세상을 넓고 깊게 바라보지 못하는 아이들에게 세상살이의 다양한 갈래가 있음을 알려줘야 한다. 그러기 위해서는 기존의 정보를 연결해줄 수 있는 '고리'와 '자극'에 대해 엄마부터 열린 자세로 관심을 가져야 한다.

아직까지는 부모가 채워주는 세상과 지식, 부모가 물어다 주는 정보와 교육 환경이 아이의 많은 부분을 채우고 있다. 그런데 그 부모가 자극받는 세상은 어떨까? 비슷한 사람들끼리 비슷한 일상을 보내고 비슷한 고민을 하다 비슷한 결과를 내고 비슷한 미래를 예견하는 패턴을 보이고 있지 않은가? 정보가 비슷하면 문제를 바라보는 방식도, 해결하는 방법도, 최종적으로 나타나는 결과도 크게 다르지 않다.

다양한 관계를 만듦으로써 내 삶의 다양한 정보와 생각이 들어오는 창구를 확장할 필요가 있다. 세상은 급변하고 있다. 미래에 우리 아이들은 한반도를 넘어, 전 지구를 넘어, 우주를 향해, 가상의 세계를 경계 없이 동시대 세계인들과 함께 살아갈 것이다. 부모가 다져주는 꽃밭 속에 길들여져서는 변수 가득한 미래를 살아낼 힘을 키울 수 없다.

얼마나 크고 넓게 볼 수 있는가에 따라 세상을 사는 힘과 깊이가 달라진다. 엄마가 얼마나 크고 넓게 볼 수 있는가에 따라, 아이가 세상을 대하는 크기와 깊이가 달라질 수 있다.

아이와 대화 가능한 엄마는
공부하는 엄마다

공부는 시키는 것이 아니라 보여주는 것

약 10년 전 할머니가 돌아가신 후 우리 집에 할머니 사진과 유품
하나가 남아 있다. 값나가는 골동품이 아니라 80세를 넘겨 개종
한 후 줄곧 읽으셨던 손때 묻은 '성경책'이다. 성경책은 자식들이
아닌 나에게 전달되었다. 막내고모는 그 성경책이 큰손녀인 나
에게 전해지는 것을 할머니가 제일 바라실 거라고 했다.

우리 할머니로 말할 것 같으면 평생 교회 근처에도 안 가셨던
분으로, 아들 사랑이 극진하여 이젠 고전이 되어버린 드라마
〈아들과 딸〉 현실판을 찍어낸 분이기도 하다. 몸이 불편하기
전까지 손녀들의 머리카락만 엮어 은비녀로 쪽을 찐 머리를 했
고, 날이 더워도 맨발은 보이지 않았으며, 여름 소매가 7부 이

상 짧은 법이 없었다. 그런 할머니에게 두 아들과 결혼한 며느리들은 당연히 아들 손주를 낳아야 할 의무가 있는 여성들이었다. 그러나 그녀들의 팔자에 아들은 없었다. 둘 다 아들 없이 나이를 먹어가자 더 이상 조상 볼 면목도, 희망도 없어진 할머니는 인생의 끝자락에서 하나님께 의지하기로 마음먹고, 평생을 중히 여기던 제사가 무슨 소용이냐며 거두어들이셨다.

인생의 기준과 가치관이 완전히 바뀐 이후로, 할머니는 하나님과 하나님 세상에 대해 맹렬히 공부하셨다. 누가 보면 모태신앙인 줄 알 정도였다. 성경책은 그런 의지를 보여주는 중요한 흔적이다. 우리 할머니는 많이 배운 신여성이 아니었다. 그러니 두꺼운 성경책 한 권의 너덜거림, 80세 넘은 노인이 보기에 만만치 않은 작은 글씨들 위로 그어진 형광펜들은 그 자체로 충분한 울림이 있다. 아이를 키우면서 답답할 때마다 가끔 이 성경책이 생각난다. 정확히는 성경책에 진심을 다했던 한 노인의 정성과 간절함, 그 공부의 힘이다. 할머니가 내게 성경 공부를 하라며 책을 사다 주었다 한들, 내가 정성 들여 읽었을까? 아마, 그러지 않았을 것이다. 그런데 할머니의 손때 묻은 낡은 표지 속 너덜너덜한 종이들을 통해 전달되는 그 공부의 진실함은 수천 마디의 잔소리나 강요보다 더 강력하게 성경에 대한 궁금증을 자아낸다.

"아, 공부는 시키는 게 아니라 보여주는 거구나."

율곡 이이도, 가수 이적도 공부하는 엄마가 있었다

그러고 보면 우리 할머니만 열심히 공부한 것은 아니다. 세상에 널리 알려진 공부하는 엄마들이 있지 않은가?

옛날 옛적으로 거슬러 올라가면 임진왜란이 일어나기 전에 십만양병설을 주장했던 대학자 율곡 이이의 어머니, 신사임당이 있다. 요즘은 5만 원짜리 지폐 속 인물로 더 주목받고 있지만, 오늘날에는 현실적인 이유로 아들 셋을 모두 서울대학교에 보낸 가수 이적의 엄마로 더 유명한 여성학자 박혜란이 있다.

신사임당은 이이 외에도 6명의 자녀를 더 낳고 길렀다. 7남매의 장기가 서로 달라 서당에 보내지 않고 집에서 각자의 특기에 맞게 직접 교육했다고 한다. 일종의 홈스쿨링이다. 큰아이와 막내의 나이 차이가 20년 가까이 나니, 그 시간 동안 일곱 아이들을 낳고 밥해 먹여 키우는 것만 해도 만만치 않았을 일이다. 그런데 각기 다른 분야에 다른 수준의 특기를 가진 자식들을 직접 가르쳤다 하니 가히 대적할 상대가 없다. 이 당시 시모부 봉양은 기본값인 것은 더 말해 무엇 하겠는가.

자신이 알고 있는 것만으로 커가는 아이들을 교육하기는 어려웠을 테니, 엄마 신사임당은 더 많이 공부해야 했을 것이다. 동시에 신사임당은 자신의 성장을 위한 공부와 그림 그리기 역시 놓지 않았다. 남는 시간이라는 게 있을 리 만무하건만, 신사임당은 늦은 저녁이면 불을 켜고 공부함으로써 자식들에게 귀감을 보였다고 한다. 비록 신사임당 생전에 모든 자식들이 이이만큼 빛을 본 건 아니지만, 그녀의 사후에 각자의 성취를 이루었다고 한다.

이적의 엄마 이야기는 첫아이를 낳기 전 《다시 아이를 키운다면》(나무를 심는 사람들, 2013)이라는 제목에 끌려 우연히 읽어보다 알게 되었다. 여성학자이자 작가인 박혜란은 어느 정도 아이들을 키워놓고 공부를 다시 시작하면서 이후 약 3,000회의 강연과 13권의 책을 집필했다고 하니, 그 공부의 양이 결코 적지 않았을 것이다. 물론 잘 알려진 대로 자녀 셋 모두 서울대를 보냈다. 심지어 막내는 자신까지 서울대에 가는 게 엄마에게 부담이 될 수 있으니 가지 않을까를 고민했다는 일화는 한국 엄마들에게 '염장을 지르는' 소리로 들릴 정도이지만, 동시에 그런 집안 분위기가 몹시 궁금해진다.

박혜란 작가는 한 방송에 나와 자녀들과 관련된 이야기를 했다. 그중 이적이 16세에 생일 선물로 쓴 편지의 내용이 소개되었다. 아들 눈에도 세 아이를 키우고, 집안을 돌보고, 자신의 공부를 하는 어머니의 삶이 녹록치 않아 보였는지, 측은해하면서도 그렇게 노력하는 어머니를 자랑스럽게 생각하는 마음이 담겨 있었다. 또 자녀 교육 관련 책을 내기 전 세 아들은 "어머니가 언제 저희를 키우셨습니까?"라며 책 쓰기를 반대했는데? 그에 대해 "내가 언제 너희를 이렇게 키웠다고 했느냐? 믿었더니 자랐다고 했지, 난 키웠다고 한 적 없다"고 이야기했다.

이들의 공통점은 자녀들의 뛰어난 성취 이면에 숨은, 엄마 스스로 성장하는 공부에 집중했다는 점이다. 시대를 불문하고 자식의 눈에 비친 공부하는 엄마의 모습은 아이들 공부의 뿌리에 맞닿아 있다는 생각이 강하고도 깊게 든다.

자기 공부에 매진하는 엄마의 모습은, 때론 아이들 입장에서 섭섭하고 서운하겠지만 한편으론 엄마의 삶은 엄마의 것으로, 내 삶은 내 것으로서 각자 스스로 개척해야 한다는 것을 보여준다. 시대와 환경, 조건은 다르지만 자식들과 함께 엄마 자신을 키우는 공부를 했다는 사실은 같다. 그런 엄마를 아이들은 거울로 삼았으리라.

아이와 함께 성장하는 엄마

강남구에 있는 공공도서관 건립과 관련해 자문한 적이 있다. 그때 사서 한 분이 들려준 이야기가 꽤나 인상적이었다. 다른 지역에 있을 때는 강남에 단지 돈 많은 사람들이 사나 싶었는데, 도서관에 있어 보니 다른 생각을 하게 되었다는 것이었다. 이전에 근무했던 서울의 다른 지역들보다 강남의 도서관은 도서 순환율이 빠르고 높으며, 도서 수급에 대한 요구도 꽤 많고 다양하다고 한다. 아이들을 데리고 와서 책 읽는 부모들이 많은 건 말할 것도 없다. 그러다 보니 "돈이 많아서 강남이 아니라, 이렇게 공부하니깐 강남 사람들이 돈을 버는 건가?"라는 생각이 든다는 것이었다. 엄마들은 양질의 먹거리를 아이들에게 챙겨주려는 것처럼 좋은 읽을 거리를 나르는 일에도 열성적이다. 엄마가 책과 친하지 않다면 불가능한 일이다.

"전업주부의 공공도서관 성인 독서 교육을 통한 자기도야 경험 탐구"(박정아, 〈한국평생교육HRD연구〉, 2017)에서 전업주부였던 세 사람이 공공도서관의 성인 독서 교육을 받으며 변화한 결과를 제시했는데, 흥미로운 지점이 있다. 이들이 처음 이 프로그램에 참여한 이유는 아이 독서 교육에 관심이 있었기 때문이다. 그러나 시작한 당시와 달리 주부들 본인들이 독서 교육에서 깊이 생각할 힘을 얻거나 치유되는 느낌을 받으면서 독서의 즐거움을 맛보게 되었다고 한다. 그러자 책을 고르고 아이와 이야기를 나눌 때도 지식 위주가 아닌 아이의 흥미를 고려하게 되었고, 아이의 독서를 간섭하기보다 지켜보는 태도로 바뀌면서 아이와의 관계도 좋아졌다고 한다. 특히 고무적인 부분은 독서가 즐거워지자 엄마의 독서 생활에서 무게중심이 자녀에서 '나'로 바뀌는 중요한 전환을 맞이하게 되었고, 그 근간에는 엄마인 내가 성장하는 보람이 무엇보다 큰 부분으로 작용했다.

아이를 키우기도 바쁜데 내 공부를 하겠다고 책 읽을 시간이 어디 있냐는 생각이 드는 것도 당연하다. 하지만 이 모든 것이 아이도 잘 키우고 나도 잘살기 위해서다. 그 방법 중 하나가 바로 책 읽기를 통한 나의 변화라는 것은 자식 잘 키웠다고 하는 엄마들의 공통점과도 맞닿아 있다. 물론 너무 성급한 일반화라고 할지도 모른다. 학력이 높고 독서를 많이 할수록 독서의 효용성을 더 크게 느낀다는 통계 자료도 있는 것을 보면, 그 효과를 누린 사람만이 독서의 가치를 알고 성장의 기회를 스스로에게 주고 있는 것도 현실이다.

엄마가 신경 쓸 것은 아이들이 책을 읽느냐 안 읽느냐보다 엄마인 내가 집에서 책을 읽을 환경이 조성되어 있느냐 하는 것이다. 그러면 자연히 아이들은 책과 친한 환경에 노출될 것이고, 엄마가 읽는 책 속 세상 이야기를 통해 다양한 세계를 상상할 기회를 얻게 될 것이다. 누구나 책을 읽을 때 마음 편한 지점이 있다. 소파 어느 자리, 식탁 어디, 혹은 나만의 전용 책상, 아니면 화장대 앞이라도 말이다. 아이의 공간을 이야기하기에 앞서 엄마의 책 읽는 공간을 찾아보자. 아이들은 그곳에서 책 읽는 엄마, 함께 성장하는 엄마의 모습을 볼 것이다.

엄마의 공부는 아이를 꿈꾸게 한다

1990년도에 이르러 1970년대에 태어난 여성들의 고등교육 비율이 초등교육 비율을 넘어섰다는 것을 보면 엄마들의 교육

수준이 아빠들에 뒤진다는 것은 옛말이다. "전업주부의 학습 경험이 갖는 의미에 대한 현상학적 접근"(황미화, 〈인문사회 21〉, 2021)이라는 연구에 따르면 최근 여성들이 이전과 다른 경향을 보인다고 한다. 2000년대 초반만 해도 경력 단절을 극복하기 위한 재취업 과정에 집중되었는데, 최근에는 지속할 수 있는 의미 있는 도전이나 배움 자체의 즐거움 그리고 삶의 주인공으로서 자신을 자각하는 것으로 학습 계기가 변화했다고 한다.

엄마들 각자 필요한 공부의 분야와 내용, 정도와 범위가 모두 다르리라고 생각된다. 대단한 학술 영역일 필요는 없다. 일상에 필요한 경제 공부, 외국어 공부, 자기계발일 수도 있고, 감성을 키우는 문학이나 미학 공부, 취미로 삼은 뜨개질이나 화예 공부, 복잡한 생활을 타개하기 위한 마음 공부, 심지어 성경, 불경도 어른들에게는 전부 필요한 공부다. 공부가 어디 대학에서 다루는 학문만 있겠는가? 어른이 되어 선택한 공부는 정말 하고 싶어서 마음을 다하는 경우가 많다. 그러니 가식적일 필요도, 누구에게 평가받을 필요도 없다. 덩달아 공부에 진심인 엄마의 태도는 아이들에게도 긍정적인 울림을 줄 수 있다. 아이들에게 어른이 되어도 끊임없이 성장하고 변화할 수 있다는 가능성을 보여주는 좋은 교육이다. 앞으로 살아가야 할 세상에서는 끊임없이 배우고 익혀야 한다. 그렇기에 부모에게서 그런 모습의 단초를 보는 것은 더욱 중요한 자산이 아닐까?

스스로 공부하는 어른을 본 적 없는 아이가 성인이 되면 필요한 공부를 알아서 잘할 것이라고 기대하기는 쉽지 않다. 생각을 하더라도 실천하기는 더욱 어려운 일이다. 나는 공부의 힘을 믿는다. 공부는 단순히 지식을 머리에 담는 것을 넘어 삶을 단단하게 이끄는 힘을 키워주기 때문이다. 부모가 공부하고 성장하는 모습을 보인다면 훗날 아이들이 그 기억을 가슴에 품고 용기를 낼테니, 서로를 위해 스스로 공부 거리를 찾아보자.

오늘도 아이들을 데리고 다니며

딸아이는 말을 하기 시작하면서부터 누가 "엄마 뭐 하는 사람이야?"라고 물어보면, "공부하는 사람"이라고 대답했다. "엄마 어디 갔어?"라고 물으면, "공부하러"라고 대답했다. 그러고는 자기가 연필 잡고 뭘 하기만 하면 "공부하고 있어"라고 외친다.

아이들은 사실 엄마가 무슨 공부를 하는지 정확히 모른다. 다만 엄마가 보는 책이 궁금하고 자료가 신기하고 들리는 소리에 관심이 많아 기회만 되면 옆에 붙어서 "이게 뭐냐, 저게 뭐냐" 하고 질문을 쏟아낸다. 때로는 귀찮아서 "내가 말하면 알겠니?"라고 되묻고 싶지만, 그래도 엄마가 뭔가 공부하는 그 기억을 남길 수 있는 중요한 순간이기에 받아준다.

부모가 아이들 인생 전부에 관여할 수는 없으니 살면서 필요할 때 아이가 꺼내 쓸 수 있는 것들을 만들어주고 싶다. 부모가 열심히 익히고 배워 삶을 일궈가는 자세는 무엇보다 값진 유산일 거라고 믿는다. 게다가 현실적으로 아이를 쫓아다니며 세심하게 챙겨줄 형편도 못 되기에 양껏 내 방식대로 보여줘야 한다. 그런 이유로 나는 '공간'을 가지고 공부하는 엄마의 모습을 남겨줄 생각이다. 공간과 관련된 책을 읽거나 글을 쓰고, 그런 일을 하거나 공부하는 사람들과 어울리며, 때론 어린 자녀들을 데리고 새롭거나 익숙한 공간으로 거침없이 나간다.

세상에는 시대를 넘나들고, 기술의 변혁을 펼쳐내는 크고 작은 규모의 다양한 공간들이 많다. 어린이라고 어린이 전용 공간이나 키즈 카페에 가야만 즐거운 것이 아니다. 이 넓은 세상에서 공간 편식을 하지 않도록 때론 깊고도 좁게, 때론 넓고도 얕게 다뤄봄으로써 아이들에게 의미 있는 공간들을 풀어볼 생각이다. 아직 정보력이 한정적인 아이들은 엄마라는 필터를 통해 엄마가 아는 만큼 보고 듣는다. 새로움을 발견하는 날도 있겠지만 처음부터 배부르긴 어렵다. 공간의 생김이나 얼마나 유명한지의 문제가 아니라, 공간을 매개로 아이와 나눌 수 있는 경험들, 생각들, 마음들에 관심을 가지고 조금씩 쌓아가야 한다. 하나씩 시작해보자. 당장 큰 공부를 하려는 부담감으로 마음을 짓누르지 말고, 아이와 함께 누빌 공간들을 하나씩 떠올려보자.

3장

아이들의 미래 공간,
어떻게 확장될까?

아이들의 시제를
미래로 이동하자

월-E의 눈에 비친 인간의 미래

미래에 관한 시나리오는 특히 영화에서 수없이 등장한다. 그 가운데 2016년 픽사(Pixar)에서 제작한 애니메이션 〈월-E(WALL-E)〉가 있다. 월-E라는 바퀴 달린 로봇의 눈에 비친 황폐한 지구와 그 속에서 살아가는 인간의 모습을 그린 영화로, 디스토피아 자체인 암담한 지구의 미래가 묘사되어 있다.

〈월-E〉는 미래의 지구를 이야기한다. 인간이 발 딛고 사는 지구는 이미 손쓸 수 없이 망가져 거대한 쓰레기 더미로 바뀌어 있고, 인간은 도저히 살아갈 수 없는 곳을 떠나 별도의 공간을 만든다. 인간이 살아가는 그곳은 화려한 조명 아래 광고들이 가득하고, 첨단 이미지가 넘치는 인공적인 세상이다. 모든 것이 기계화, 자동화되어 있는 세상이다.

아이들은 흡사 공장에서 제조된 제품들처럼 정해진 인생 루트를 거치며, 비슷한 것을 보고, 비슷한 곳을 다니고, 비슷한 행동을 하며, 비슷한 삶을 살아간다. 별다를 것도 없고, 심지어 체격마저 비슷하다. 가만히 앉아서 먹고 스크린 터치를 하는 움직임밖에 없으니 복부에 살이 찌고, 타고 가던 모빌리티에서 떨어져도 스스로 일어날 수조차 없다. 운동량이 부족해서 생긴 문제들이다.

인간은 개인 모빌리티를 타고 레일을 따라 계속 움직이며 끊임없이 뭔가 일을 한다. 또 눈앞에 항상 스크린이 떠 있으니, 굳이 멀리 시선을 뻗을 필요도 없고, 옆을 둘러보고 주변 사람들과 교류할 필요성을 느끼지도 않는다. 모니터 속 세상이 더 중요하다. 점심도 컵밥 같은 걸로 간단히 때우고 빨리, 더 빨리 스크린 세상 속으로 빠져들기 바쁘다. 지구의 미래도, 인간의 미래도 이 정도면 디스토피아 아닌가?

너와 내가 다르지 않은 천편일률적인 미래

영화는 이런 방식의 삶이 한두 명에게서 특수하게 도드라지는 특징이라 하지 않는다. 모든 사람들이 이런 시스템 아래서 조직적이고 집단적으로 키워지는 모습을 보여준다.

너와 내가 다르지 않고, 너나 내가 없어도 별문제 되지 않는 삶. 생각해보면 무서운 일이다. 이런 인간 군상의 모습을 월-E의 시선으로 끊임없이 추적한다. 정작 영화 속 인간들은 아무렇지 않게 반복된 하루하루를 살아가지만, 그걸 바라보는 영화 밖 인간들의 마음은 화면만큼 밝을 수 없다.

이 모습이 2016년에 상상했던 미래다. 그런데 이런 상황이 낯설게 느껴지는가? 일부는 지금 우리의 현재 모습과 너무 닮아 있다. 일부는 아직 오지 않은 우리의 미래일까 두렵다. 그리고 그중 일부는 우리 아이들의 미래에 절대 오지 않기를 바란다. 애니메이션이라는 순화된 방식에 로봇이라는 기계를 화자로 삼아 에둘러 이야기하고 있지만, 현재 지구에서 진행되는 문제를 다루고 있다. 개인성이 희미해진 사회 분위기 속에서 가상과 현실이 혼재되고 개인 디바이스에 매몰되어 현실의 삶이 차단되는 사회, 로봇이 쫓아다니고 개인 모빌리티가 활성화되어 있지만 자연은 철저히 파괴되어 중심을 잡지 못하는 인간이 또 하나의 부품처럼 느껴질 수 있음을 경고한다. 과연 우리는 지금 무엇을 해야 할까?

미래는 상상하는 이의 것

지구의 종말이나 위기 상황에 대비하기 위해 배양해야 할 아이의 능력을 이야기하는 것이 아니다. 누군가는 미래의 지구를 디스토피아로 그릴 수도 있고, 누군가는 유토피아를 이야기할 수도 있다.

아직 오지 않은 미래는 상상하는 자의 것이다. "어떤 상상력을 어떻게, 얼마나 발휘하고, 그것을 실천하기 위해 노력할 것인가?"에 따라 미래는 자신의 것이 될 수도, 남의 것이 될 수도 있다. 미래를 상상하는 일은 누구나 누릴 수 있는 자유다. 그러나 누구나 그 자유를 누리지는 않는다.

너무 거창하지 않아도 좋다. 5년 후, 10년 후, 20년 후 우리 아이들이 살아갈 미래는 어떤 모습일지에 대해 함께 이야기해보는 것은 어떨까? 작지만 하나씩, 그렇게 조금씩, 때로는 좁고 넓게, 크고 길게 생각해보면 된다.

미래는 오늘의 상상력으로 만들어질 세상이기에 각자 아이들의 얼굴을 떠올리며 그들이 주인공으로 살아갈 세상을 한번 떠올려보자. 그리고 아이들과 이야기를 나눠보자. 미래라는 타임머신을 타고 날아가서.

우리는 왜 미래를 고민할까?

"우리 애는 수학이랑 과학 성적이 좀 나은 것 같아", "앞집 애는 국어를 그렇게 잘한다더라고." 이미 결정이 나버렸다. 우리 집 애는 이과 쪽이고, 앞집 애는 문과 쪽이다. 어쩌면 벌써 우리 집 애는 하얀 가운을, 앞집 애는 까만 법복을 입고 앉아 있는 미래를 떠올릴지도 모르겠다.

우리 사회는 열심히 공부해서 좋은 대학에 가고 안정적인 전문직을 갖는 것이 최고의 미래를 담보하는 길이라는 믿음을 공유하고 있다. 물론 모두 그렇다고 단언할 수는 없지만, 굳이 그렇게 되어가고 있는 자식을 말릴 부모도 없다. 왜 이렇게까지 '공부, 공부' 하는 걸까?

오랫동안 공부는 인간이 잘 살아갈 수 있는 수단이자 방법, 혹은 보험과도 같았다. 훗날 뭐라도 해서 먹고살려면 공부를 해둬야 한다는 믿음이 자리 잡고 있다. 조금이라도 안전한 길을 알려줄 그 공부를 소홀히 할 수 없는 이유다.

그런데 누가 미래를 정확히 안다고 이야기할 수 있을까? 어제의 지식을 묻는 문제를 잘 맞힌 아이들에게 내일의 답도 오늘과 같을 거라고 얘기할 수 있을까? 미래가 어떨지 잘 모르기 때문에 정답에 길들여진 삶을 사는 아이들로 키우면 안 된다는 것을 알면서도 현실에서는 그렇게 키우는 방법밖에 모른다. 그래서 부모는 그거라도 시켜야 한다는 마음에 오늘과는 다르리라 예견되는 미래를 불안해하면서도 오늘의 공부에 희망을 걸어본다.

50년 전, 미국에서도 우리가 흔히 공부라고 하는 입시 기반의 교육에 집중했던 때가 있었다. 지금이야 창의적이고 실험적인 기업이 가장 많은 미국이지만, 1970년대 미국 중산층들의 자식 교육은 오늘날 한국의 입시 현실과 크게 다르지 않았다. 지금 우리가 이야기하는 남부럽지 않은 부와 명예를 위한 준비 과정으로 입시, 명문대학, 직업을 이야기했다.

전형적인 입시를 통해 선발된 인재들의 장점도 물론 많다. 이들은 전형적인 좌뇌형 사고를 평가받을 때 유리한 인재상으로 논리력, 분석력이 뛰어나기에 정답을 맞히는 데 유리하다. 미국뿐만 아니라 영국이나 일본을 비롯해 많은 나라가 유지하고 있는 교육 방식으로, 우리 역시 그 영향 아래 있다.

그러다 미래를 준비하기 위한 교육 방법으로 좌뇌형 교육이 최선인가에 대한 의구심이 제기되었다. 21세기를 준비하면서 사회가 급변하자 학력 중심 사고는 큰 변혁을 맞게 되었고, 창의, 감성, 직관, 맥락의 성격이 강한 우뇌 사고형 교육에 관심을 갖게 되었다. 사실 좌뇌든 우뇌든 고르게 써야 좋다. 좌뇌와 우뇌가 있으니 좌우를 고루 다 써야 좋은 것은 당연해 보인다. 그런데 우리는 오랫동안 주로 좌뇌 쓰기를 권장했고, 우뇌는 좌뇌를 보조하는 정도로만 여겨왔다.

이제 우뇌를 좀 더 적극적이고 활발하게 활용해야 하는 시대를 맞이하게 되었다. 예측하기 힘들 정도로 빠른 변혁의 시기를 맞아 속도와 방향이 너무나도 빠르게 바뀌기 때문이다. 심지어

대기업들의 미래 비전이 한 해가 멀다 하고 바뀔 정도이니 따라가기도 숨 가쁠 지경이다.

언제나, 어느 시대나 '미래'는 있었고, 누구에게나 '미래'가 있다. 물론 불안하지만 그 '미래'를 누군가는 잘 살아내고 있다. 그 미래를 우리 아이들도 살아갈 것이다.

인간은 미래를 생각하는 유일한 동물

'미래'에 관한 다양한 글들이 폭주하는 요즘이다. 갖가지 기술들이 인간을 압도할지 모른다는 가정이 엄습하는 가운데, "정말 인간이 인간인 이유가 뭘까?"라는 질문에 대해 미국 하버드대학 심리학과 대니얼 길버트(Daniel Gilbert) 교수는 인간에게는 미래를 예측할 수 있는 '전망(prospection)'이라는 능력이 있다고 말한 바 있다. 이는 지혜로운 인간으로서 도구나 언어를 쓰는 것과는 차원이 다른, 확실한 차별점이라 설명한다.

인간은 오늘을 살면서도 끊임없이 내일을 위한 계획을 세우고 수정하기를 거듭하며, 크고 작은 미래의 일들에 대비한다. 본능에 의한 학습인지, 학습된 본능인지 모를 정도로, 인간의 삶은 미래를 향해 있다. 반면 동물은 미래를 전망하지 않기 때문에 불안해하지도 않는다. 그저 오늘을 살아갈 뿐이다. 인간은 미래를 전망하기 때문에 아직 닥치지 않은 미래를 불안해하고,

또 그 미래를 대비하려고 노력한다.

부모들 역시 아이들의 미래를 모르기 때문에 불안한 마음을 갖는다. 본인의 미래가 아니라 보호자로서 대리하는 준비 과정인데다 어느 정도 어제를 살아보고 얻은 경험치로 나의 미래를 고민하는 것이 아니라 아직 살아온 시간이 짧은 아이들을 관찰한 후 상상력까지 동원해 미래로 생각을 내뻗어야 하기 때문이다. 내 감정과 생각도 아닌 부분까지 판단해 아이의 미래를 준비하는 것이기에 두렵고 어려운 것은 당연하다.

나 역시 불안하고 초조한 마음이 든다. 그러다 또 내가 어떻게 살아왔는지, 학교에서 만난 학생들의 10년 전, 동창들의 20년 전, 그리고 그들의 미래인 지금을 되짚어보면 마냥 불안하지만은 않다. 오늘이 바로 그때의 미래였다.

특별하거나 대단한 준비를 한 것이 아니라 당시의 삶에 충실했다. 그저 새로운 것을 익히고 접할 수 있으면 바지런히 나서고 달려가기를 주저하지 않았던 당시의 충실함이 쌓이고 바깥세상에 귀 기울이고 준비하는 습관이 실력이 되었을 뿐이다. 조금씩 그 앞을, 그다음을, 조금은 다름을 생각해보고 때로는 그 속에서 새로운 생각과 기회를 만났다.

20년 뒤, 내 미래를 고대하며

30대 중반에 첫아이를 낳았다. 그래서 큰아이가 20대 중반, 작은아이가 20세 정도 되면 내 나이는 어느새 60대가 된다. 그때는 좀 홀가분한 마음으로 자유롭게 "지구 어디든, 혹은 우주를 여행할 수 있지 않을까?"라는 꿈을 꾼다. "나, 나중에 다리에 힘 있을 때, 내 맘대로 멋들어지고 신나게 하고 싶은 거 하고, 먹고 싶은 거 먹고, 배우고 싶은 거 배우고, 놀고 싶은 거 놀면서 1년 정도 살아볼 거야"라며 주문을 걸고 있다.

처음에는 가족여행을 생각하며 다 같이 함께하는, 가족애를 넘어 전우애를 다짐하는 배낭여행을 상상해봤다. 그러다 어느 순간부터 "굳이 뭘 다 같이 다녀?"라는 생각도 들었다. 각자 떨어져 있다가 '줌(Zoom)'으로 아침 인사를 할 수도 있고, 저녁에는 제트기로 날아가서 태평양 노을을 보며 밥 먹고 다시 각자의 집으로 올 수도 있지 않을까? 주말에는 메타버스 세상에서 보호자 입회하에 안전하게 건강검진을 하고 또 신나고 재미나게 새로운 취미생활을 하는 상상도 해본다. 실상과 가상이 합쳐졌다 흩어지는 새로운 버전의 가족여행, 일상과 비일상이 혼재되는 신세계를 말이다.

아직은 먼 이야기이기에 마음껏 계획을 수정 중이다. 상상하는 데 돈 드는 것도 아니니 마냥 신이 난다. 물론 아이의 미래를 이야기하기에도 벅찬 하루지만, 사실 아이의 막연한 미래보다 나의 미래라고 생각하니 좀 더 직접적이고 구체적이어서 좋다. 한 치 앞도 모를 미래를 사는 우리지만, 잠시 나는 꿈을 꾸어본다. 엄마들도 자신을 주인공으로 놓고 '미래'를 상상해보길 권한다. 엄마부터 자신의 미래를 이야기하지 않는데, 어떻게 아이가 자신의 미래를 엄마와 함께 이야기할 수 있겠는가? 엄마인 나부터 미래를 상상하고 꿈꿔 보자.

공간으로 미래를
준비하는 사람들

공간이 바뀌면 인간은 얼마나 바뀔까?

1971년 스탠퍼드 대학에서 '감옥 실험(The Stanford prison experiment)'이라는 심리학 실험을 했다. 죄수와 교도관 역을 맡은 학생들이 가짜 감옥에 살면서 각자의 역할에 따라 어떤 행위를 하는지 관찰하는 실험이었다. 유복한 가정에서 무탈하게 살아온 학생들을 선발해 단지 다른 역할을 주었을 뿐인데도, 감옥이라는 환경이 주는 특수성으로 인해 하루 이틀 만에 극도의 스트레스와 불안, 서로에 대한 증오와 분노, 화가 증폭되어 불과 며칠 만에 실험이 종료되었다.

이 실험은 타고난 천성보다 환경의 영향이 크다는 것, 사람의 위치와 역할에 따라 주어진 환경 안에서 어떻게 변화되는지를 보여준다. 이 변화란 긍정적일 수도, 부정적일 수도 있다.

환경이라는 공간이 큰 영향을 줄 수 있음을 기업들은 일찍이 간파하고 있었던 듯하다. 성인들, 그중에서도 자기 영역이 분명한 전문가들이 모인 집단에서 공간과 환경의 조성에 심혈을 기울이는 것을 보면 말이다.

사람이 바뀌어야 사업이 바뀐다

메타(Meta, 페이스북의 바뀐 사명)와 구글은 세계적으로 창의력 있는 인재들의 집합소다. 이들 기업은 사업 내용뿐만 아니라, 직원들이 근무하는 공산도 남다르다. 메타는 일반적인 사무 공간과는 다른 높은 천장과 평등한 수평적 문화를 담은 공간 배치가 눈에 띈다.

메타의 CEO 마크 저커버그는 대학을 중퇴하고 20대에 세계적 기업의 대표가 된 인물이다. 그는 사무실에서 직원들과 같은 책상에서 근무하는 것으로 유명하다. 그런 그의 행보는 무엇을 의미할까? 넓은 공간, 높은 천장, 열린 환경을 지향하는 것이 단지 스타일의 문제일까? 당연히 답은 '아니요'다.

미국 캘리포니아주 실리콘밸리에 위치한 메타의 본사는 페이스북일 때부터 벽이나 문, 파티션과 같은 가림막이 없는 뚫린 구조로 이루어진 세계 최대의 오픈 공간으로 꼽힌다. 물론 부서별로 책상이 모여 있고, 유리로 된 미팅룸도 있지만, 중요한 건 개방성이다. 수천 명이 근무하는 공간은 축구장 7개를 합친 크기의 단층 건물로 1만 1,000평 규모의 옥상 정원과 800m 길이의 산책로가 조성되어 있다.

메타가 소유한 브랜드들은 최고의 서비스를 제공하기 위해 사내에서도 사람들 간의 관계와 소통을 중시한다. 마크 저커버그는 그 열쇠로 기업 내 조직원 간의 협력을 꼽았다. 더 나은 협력을 위해서는 사람들이 서로 가까워지고 대화할 수 있는 환경이 중요하다. 조직원의 소통과 협업은 물리적 거리와 밀접한 관계가 있다. 동선이 3m 겹칠 때마다 협업은 최대 20% 향상되고, 50m가 넘으면 정기적인 커뮤니케이션이 감소한다고 한다.

CEO가 내 옆자리에 앉아 있다고 생각해보자. 처음에는 낯설고 불편해도 평등한 업무 공간에서 위계나 권위로 복종을 강요하지 않는 조직임을 자연스럽게 느낀다. 자유로운 생각을 억압하지 않고 서로를 존중하며 의견을 교환하는 분위기를 조성하기 위한 방법으로 평등한 자리 배치가 한몫하는 이유다.

메타의 사무실은 천장 높이가 6~7층에 해당하는 21m에 이른다. 한 층이라도 더 넣어 공간 효율을 도모하려는 도심의 여느 사무실과 사뭇 다르다. "공간의 효용성보다 더 중요한 것이 무엇일까?" 바로 '창의성'이다. 높은 천장이 상징하는 것이 바로 직원들의 창의성으로 공간은 이것을 위해 존재한다는 것을 보여준다. 천장 높이가 창의적 환경에 영향을 준다는 것은 이미 상식이 되었다. 미네소타 대학의 조안 마이어스레비 교수는 천장 높이를 30cm 높일 때마다 사람들의 문제 해결 능력이 달라진다고 밝힌바 있다. 천장 높이에 비례해서 생긴 공간의 여유는 단순히 부피의 문제가 아니라 바로 사람의 마음이나 생각의 부피를 키우는 데 영향을 주기 때문이다.

창의적 환경에 사활을 건 기업들의 공간 전쟁

창의적 공간에 집중하는 회사는 메타만이 아니다. 세계에서 가장 큰 규모의 애플 파크(Apple Park)는 스티브 잡스 생전에 계획하고 그의 사후에 완공되었다. 애플의 비전을 보여주는 신사옥은 최첨단 친환경 공간으로, 임직원 간의 소통과 협업 문화를 향상하는 데 주안점을 두었다.

업무의 부담에서 잠시 벗어나 둥근 링 모양의 건물 중심에 조성된 숲과 공원을 걸을 수 있다. 엄청난 규모의 피트니스 센터, 산책 코스, 카페, 애플 스토어, 방문자 센터가 자리하여 오늘도 애플의 사람들은 애플의 또 다른 누군가를 한 사람씩 알아가는 중이다.

일하는 사람들의 천국이라고 불리는 구글은 언제든 간식을 먹으며 업무할 수 있도록 휴게실과 사무 공간의 간격을 좁혔고,

각종 휴게 시설과 오락 시설이 있는 것으로 유명하다. 여기가 사무실인지, 카페인지, 오락실인지 모를 유쾌함과 흥미로운 인테리어가 가득하다.

일반 사무실에서는 쓰지 않는 가구와 집기, 색채와 조명으로 꾸며져 있는 것도 직원들의 잦은 만남을 유도하는 공간 계획을 적용한 결과다. 일부러 시간을 내고 약속을 잡지 않아도 자주 만나서 얘기하고 생각을 교류하는 환경에 노출된다. 직원 간 대화 늘리기가 새로운 아이디어 창출과 동지애 향상에 당연히 도움을 주기 때문이다.

아마존은 다른 기업들과 달리 아마존 스피어(Amazon Spheres)라는 이름으로 도심 한복판에 사옥을 건립했다. 직원들이 자신의 일상과 업무의 균형을 유지해야 한다는 방침이 반영된 결과였다. 도시와 떨어진 실리콘밸리 기업과는 다른 선택이었다. 자연은 그 자체로 사람을 숨 쉬게 한다. 자연에 노출되기 쉽지 않은 직원들에게 자연으로 나가보라고 권유하고 지원금을 주는 대신 업무 공간에 자연을 들여놓았다.

창의력의 근원이 되는 환경으로서 기업들은 공간에 주목했다. 일상을 벗어나야만 새로운 아이디어를 얻을 수 있는 것이 아님을 일찍이 간파했기 때문이다. 사무실을 단지 일하는 공간이 아니라 조직의 목표를 수행할 수 있는 환경으로 만드는 것이다. 공간 디자인에 따라 그 안에 있는 사람들의 행동을 원하는 방향으로 유도할 수 있다는 '행동 디자인'의 개념이 반영되어 있다. 직접적으로 지시하고, 명령하는 방식이 아니라, 자연스럽게 행동을 이끌어내 그렇게 하고 싶어지는 환경이나 조건을 만드는 것이 핵심이다.

일상의 영감을 주는 공간을 향하여

'창의력'이 무엇이기에 이토록 신경 쓰는 걸까? 창의력이란 새로운 것을 생각해내는 능력을 뜻한다. 그러나 이 능력은 아무것도 없는 상태에서 어느 날 갑자기 번개처럼 등장하는 것이 아니다. 지속적이고 반복적인 접촉의 빈틈에서 발견되기 때문에 쉼 없이 새롭게 보기 위한 노력을 해야 한다. 사색이나 마음의 고요를 통해서도 창의력은 발현된다. 그래서 산책하거나 사색할 수 있는 공간을 마련하는 이유 역시, 그저 아무것도 하지 않는 자유로운 상태에서도 뇌는 활동하기 때문이다.

앞서 언급한 기업들에게 창의력은 생명이고, 가치 있는 기업으로 평가받는 이유다. 끊임없이 새로운 것을 탄생시키기 위해 기업의 공간은 창의력을 키울 수 있는 현장이 되어야 한다. 창의력이 높은 집단을 원하는 기업들은 조직원의 창의력이 발현될 수 있는 환경을 만들기 위해 오늘도 고군분투하고 있다.

공간에 심혈을 기울인다는 것은 기업이 외부에서 똑똑한 사람들을 영입해 한 시즌 큰 성과를 내겠다는 생각이 아님을 보여주는 것이기도 하다. 복지 차원에서 문화생활 한번 시켜주고 나은 사람이 되어 돌아오라고 미션을 주는 것도 아니다. 일상에서 지속적으로 영감을 주고, 상호 협력하는 관계를 만들어 사람 간에 만들어내는 창조적인 힘에 희망을 건다는 의미다.

매 순간 새롭고 자극적이어야 한다는 뜻이 아니다. 익숙한 일상의 공간에서 편안한 마음일 때 새로운 시도를 해볼 용기도 난다. 그런 일상의 공간에서 영감을 줄 수 있는 자극들이 가득하다면 그보다 더 좋은 환경이 어디 있겠는가? 기업은 공간을 통해 매일 조금씩 교육하고 있는 셈이다.

다시 아이의 공간으로 돌아가 보자. 우리 아이를 둘러싼 공간은 어떠한가? 아이가 힘이 나는 환경인가, 아니면 힘 빠지는 공간인가? 하고 싶은 공부를 스스로 찾을 수 있는 환경인가, 아니면 시키는 공부나 잘하라고 지시하는 환경인가? 아이를 위한 공간 계획에서 엄마가 스티브 잡스가 될 수도, 마크 저크버그가 될 수도 있다. 엄마가 아이 교육을 위해 어떤 비전과 가치를 가지고 아이가 접하는 공간을 만들지 곰곰이 생각해보자.

아이에게 미래 모빌리티
세계를 누리게 하자

인류의 역사는 이동의 역사

2022년 대한민국의 기술만으로 제작된 '누리호'가 성공적으로
발사되어 우주로 날아갔다. 이를 계기로 우리나라도 우주 시대
에 한 걸음 다가선 듯하다. 이런 현실에 덧대어 상상력 넘치는
소재의 영화로 다양한 이동 수단을 등장시키며 우리가 미래에
어떤 모습으로 살아갈지 다양하게 생각할 거리를 제공한다.

21세기를 앞둔 1990년대 말 영화 〈타이타닉〉은 거대한 배라는
공간을 배경으로 20세기 초 유럽 대륙에서 대서양을 건너 기회
의 땅 미국으로 떠나는 여러 계급의 인간 군상을 조명했다.

21세기에는 지구를 벗어나 우주로 새로운 터전을 찾아 떠
나는 영화들이 속속 등장하고 있다. 2016년 영화 〈패신저스

(Passengers)〉에는 미래의 삶을 선택할 수 있는 재력과 용기 있는 5,000명의 사람들이 120년 동안 동면 상태로 이동해 새로운 보금자리가 될 식민행성으로 이동하는 이야기가 나온다. 최첨단 기계와 로봇, 시설 그리고 250명이 넘는 승무원이 제공하는 서비스 속에서 5,000명의 승객들은 도착하기 4개월 전에 깨어나 새로운 이주지에서 필요한 것들을 배우고 익히며 다른 승객들과 한 가족으로서 교류한다는 핑크빛 미래를 품고 잠들었다. 그런데 기계 이상으로 지구를 출발한 지 30년 만에 깨어나 버린 한 사람이 다른 한 사람을 의도적으로 깨움으로써 이야기가 전개된다. 2021년 넷플릭스가 제작한 영화 〈돈 룩 업(Don't Look Up)〉 역시 결말에 지구를 떠날 수 있었던 소수의 사람들만 냉동된 채 유랑하는 우주선에 실려 새로운 땅을 찾아 유목하는 모습을 보여준다.

이 영화들은 시대나 배경, 메시지도 다르다. 실패할 수도, 성공할 수도 있지만, 미래는 지금보다 나은 세상, 새로운 행성은 지구보다 나은 환경일 거라는 꿈을 품고 거대한 이동 장치, 아니 이동 환경을 만들어 인류를 실어나른다.

인류는 '이동'의 역사를 거듭하며 생존해왔다. 미지의 공간을 개척하는 것으로 생존의 실마리를 풀어온 것이다. 대륙을 오가는 큰 배일 수도, 행성을 오가는 비행체일 수도, 지금은 상상도 하지 못할 무언가일 수도 있다. 어쨌든 새로운 영역을 확장할 기회를 가진 자가 생존할 가능성이 높고, 그런 도전의 길에 항상 새로운 이동 수단이 등장했다.

자신이 이동할 수 있는 반경에서 식량을 취하는 것에 만족했던 인간이 말이나 낙타와 같은 동물을 길들여서 다른 땅을 찾아 개척했다. 바퀴를 만들어 더 먼 곳까지 나아가 문명의 충돌을 일으키며 땅과 바다에서 영토 싸움을 벌이더니, 연료로 움직이는 운송 차량들을 만들어 산업 시대를 견인했다. 그러다 이제는 상상 속 우주로 향하고 있다.

인간이 운전대를 잡고 대중적인 운송기기인 자동차를 운행해 온 역사는 100년이 넘었다. 한국에서는 1970년대 현대자동차가 포니(Pony)로 국산화에 처음 성공한 후 각국의 수입차들과 경쟁하며 전기차, 자율주행차 시대를 대비하고 있다.

인간의 역사에서 이렇게 원하는 곳으로 원하는 만큼 이동할 수 있었던 때가 있었을까? 인간의 미래, 인간의 상상이 어디까지 다다를 수 있을지 기대된다.

이동하는 공간이 된 모빌리티의 진화

시대적 요구에 따라 이동 수단을 발전시켜온 인간이 이제 이동성, 유동성, 기동성과 같은 뜻이자, 이동 관련 서비스와 수단 일체를 폭넓게 의미하는 모빌리티(Mobility)에 대해 고민하기 시작했다. 모빌리티는 다종다양한 자동차, 배, 비행기와 같은 기기 발달의 문제를 넘어선 것이다. 인간이 삶을 일구는 방식과 궤를 같이해 오늘도 진화 중이다. 모빌리티 분야에 주목하는 이유 중 하나는 매우 직접적이고 구체적으로 우리 삶의 변화를 견인할 핵심 분야이기 때문이다. 모빌리티 시장에서 펼쳐지는 다양한 가능성과 잠재력은 온갖 기술과 자본, 상상과 현실이 만나 아이들이 살아갈 세상을 새롭게 만들 것이다.

이를 반영하듯 세계적으로 주목받는 국제박람회 중 하나인 CES(세계 가전 전시회)에서 2022년 유독 모빌리티와 관련된 전 세계 기업들의 발표와 이벤트가 활발했다. 세계 최대 정보기술 전시회로서 핵심 이슈 중 하나인 모빌리티를 빼놓고는 산업 최대 행사로서의 체면을 유지하기 쉽지 않았기 때문이다. 국내에서도 삼성, LG, 현대와 같은 대기업을 위시하여 500여 개 기업이 참여했다.

국제박람회를 언급하는 이유는, 아이들이 뛰어들 세상의 변화가 느닷없이 등장하는 것이 아니라 이런 박람회에서 예습의 현장으로 최신 기술과 트렌드, 그리고 전문가들이 교류하며 만드는 미래를 조금씩 엿볼 수 있기 때문이다. 가전이 중심을 이루던 전시회가 모바일로 이슈를 돌렸다가 이제는 모빌리티로 넘어왔다. 그다음은 무엇일까?

전통적인 운송기기로서 전기차, 자율주행은 물론 이동기기, 메타버스와 연계한 메타 모빌리티, 산업자동화가 CES의 주된 키워드였다. 나아가 자율주행이 고도화되면서 변화할 스마트홈, 디지털 헬스, 스마트시티까지 생각하면 더욱 흥미롭다. 사람의 몸이 자유로워지는 자율주행이 모빌리티 안팎의 환경을 변화시킬 것이라는 상상 속에서 기획과 실험이 펼쳐지는 중이다.

테슬라는 왜 테슬라가 되었을까?

스스로를 모빌리티 기업이라 부르는 기존의 자동차 회사들은 전통적인 제조업을 기반으로 집약적이고 고도화된 기술력을 장착하고 현대 산업의 중심에 자리하고 있다. 그런데 '테슬라'의 등장은 일반인들까지 모빌리티의 개념을 다시 생각하는 계기가 되었다.

테슬라는 기존 모빌리티계의 반항아로 자리매김하려는 듯 '마이 웨이(My way)!'를 외친다. 용감함과 무모함 사이에서 가보지 않은 길을 가기에 우려와 기대를 동시에 받고 있는 테슬라는 새로운 모빌리티계의 이단아로 여겨진다.

그들이 만드는 차는 처음부터 전기를 식량으로 삼았다. 석유나 경유, LPG를 연료로 삼아 엔진을 움직이는 자동차들과 달리 배터리로 움직이는 전기자동차이기에 일찍이 환경 문제에 있어 선진적이고 미래적이라는 이미지가 있다. 실질적으로도 기존

자동차와는 실내 구조와 구성이 다르고, 자율주행 시대를 대비한 듯 너른 창과 스크린도 특징이다. 자율주행을 구축하고 운영하는 방식도 기존 기업들과 다른 독자노선을 구축하여, 적군들처럼 대립하는 양상을 보이기도 한다.

결정적으로 테슬라의 자동차 몸체는 하나의 하드웨어일 뿐 그들이 제공하는 소프트웨어(자동차를 통해 제공하는 서비스)는 지속적으로 업그레이드되어 자동차 성능을 향상할 수 있다. 자동차를 구입하면서 하나씩 나에게 맞춰지는 방식이니 한번 사면 감가상각이 일어나는 차들과는 차원이 다른 접근이다.

테슬라는 위성 사업에도 관심이 많다. 차량 하나하나가 모은 데이터를 가지고 소프트웨어를 개발해 사용자에게 제공하려면 한 발 앞서가야 하기 때문이다. 테슬라에 대한 비평과 호평 사이에서 나는 이것에 주목한다. 본디 후발주자들이 뭔가를 하기 어려운 이유가 "원래 이 바닥이 이래!"라는 전형성을 탈피하지 못하기 때문이다. 그러나 테슬라는 자동차 업계의 기존 생태 안에서 뛰어나고자 하는 것이 아니라, 자신들이 가고자 하는 방향에 맞춰 스스로 그 방식과 방법을 만들어나갔다. 나는 이러한 면이 어쩌면 우리 아이들이 살아갈 내일에 필요한 자세가 아닐까 생각한다.

미래 시나리오를 구현하는 힘, 모빌리티

현대자동차의 사례를 들어보자. 그들도 앞서 언급한 CES 2022 에서 모빌리티의 내표 기업으로 꼽히며 메타 모빌리티라는 비전을 걸고 다양한 이벤트를 선보였다. 모빌리티가 메타버스와 연결하는 매개체로 자리매김하겠다는 포부를 밝혀 주목을 끌기도 했다.

'Hyundai X CES 2022' 영상을 보면, 현대자동차가 CES 전시에서 소개한 개별 기술들과 로봇을 통해 구현하고 싶은 미래상들을 엿볼 수 있다. 미래 모빌리티가 어떻게 우리의 삶을 지원할지, 혹은 견인할지를 보여준다. 영상의 내용은 나이가 지긋한 부인이 집 안에서 출발해 크고 작은 모빌리티를 거쳐 의료 서비스를 받는 이야기다. 또 아이와 아빠가 가상과 현실을 오가며 화성 여행을 떠나기도 한다. 충분히 상상해봄직한 장면들 속에 각종 모빌리티들이 등장한다.

2020년에도 현대자동차는 '미래 도시 스마트 모빌리티 솔루션 (Smart Mobility Solution Provider for Human Center Cities)'이라는 제목으로 2030년 미래의 도시 라이프에서 펼쳐질 모빌리티 시나리오를 제시했다. 이를 위해 각 분야의 전문가들을 모아 미래 도시 시나리오를 먼저 연구했는데, 세상에서 가장 뛰어난 기술도 결국 인간이 빚어낸 상상 속 이야기로 풀어나간다는 점이 흥미롭다.

물론 이 시나리오가 얼마나 정확한지, 그것이 얼마나 보편타당한지는 알 수 없다. 시나리오의 정확도나 타당성 여부를 떠나 어린 세대들에게는 어른들이 생각하는 꿈과 희망, 혹은 가능성의 과정으로 충분히 의의가 있다. 나는 이 영상들을 우리 아이들과 함께 보았다. 2020년 자료는 우리 집 큰아이가 7세 때, 2022년 자료는 9세 때 같이 보았다. 아이에게 세상의 변화를, 어른들이 생각하는 세상을 보여주기에 좋은 자료였다.

"영상에 나온 샌프란시스코 말고 딴 데 가보면 안 돼요?" 심지어 BTS와 함께 춤을 추던 노란 로봇을 보고 "엄마, 저 노랭이 사려면 돈이 얼마나 있어야 해요?"라고 묻는다. 너무 비싸서 엄마는 못 사줄 것 같다고 하자, "그럼 내 방을 팔고, 내가 노랭이랑 같이 거실에서 잘게요"라며 어이없는 말도 거침없이 해댄다. 심지어 발표하던 아저씨가 노랭이를 개처럼 데리고 다니는데 "저걸 데리고 오면 밥은 뭘 먹여요?", "전기를 먹이려면, 주차장에 있는 전기자동차 자리에서 먹이고 재워야 해요, 아니면 집에서 밥을 줘야 해요?", "개집처럼 따로 집을 만들어줘야 할까요?" 질문이 폭발한다. 그러더니 로봇과 같이 생활하기에 지금 우리가 사는 아파트는 불편할 듯하니 마당 있는 집으로 이사를 가자는 이야기로 마무리 짓는다.

아이들이 원하는 곳, 어디든 닿을 수 있도록

굳이 모빌리티를 자동차, 자전거, 비행기와 같은 단어로 정의하지 않아도 아이들은 경계 없이 세상의 신개념을 받아들인다. 자신이 원하는 공간으로 이동하기 위한 방법이자 수단으로서 모빌리티를 개념화하고 도구화한다. 또 그런 모빌리티와 공생하기 위해 필요하면 얼마든지 공간을 바꾸는 데 주저함이 없다.

미래 모빌리티로 가득한 세상에 아이를 던져보자. 굳이 멋진 고급 차에 태우지 않아도 된다. 이야기의 접점을 만들어 생각하고 말로 표현하는 그 기억이 중요하지 않을까? 아이는 이내 지구를 벗어나고, 시대를 초월하고, 세대를 넘나들며 자유로운 상상을 펼칠 것이다. 그들이 헤치고 살아갈 이 세상이라는 무대 위에서 다양한 이야기를 풍부하게 구성하리라 기대한다.

나는 상상해본다. 훗날 내 아이가 데리고 살 로봇견과 집, 그리고 그들이 함께 거닐 그 거리 풍경을 말이다.

인간이 확장한
또 다른 공간, 메타버스

소설 속 한 단어가 빚어낸 세상

"빌딩을 짓고, 공원을 조성하고, 광고판들을 세웠다. 뿐만 아니라 현실 속에서는 불가능한 것들도 만들어냈다. 가령 공중에 여기저기 흩어져 떠다니는 조명쇼, 삼차원 시공간 법칙들이 무시되는 특수 지역, 서로를 수색해서 쏘아 죽이는 자유 전투 지구 등. 이것들은 물리적으로 지어진 것들이 아니다."

가까운 미래를 배경으로 한 닐 스티븐슨(Neal Stephenson)의 소설 《스노 크래시(Snow Crash)》(남명성 옮김, 문학세계사, 2021)에서 '더 스트리트(The Street)'에 대해 묘사한 부분이다. 1992년 미국에서 출간된 이 소설의 도시 풍경은 빌딩과 공원을 중심으로 조성된 질서정연한 모습이 아니라, 불가능하거나 법칙들이 무시된다는 표현들이 등장한 걸 보니 뭔가 일반적이지 않은 상황인 듯하다.

이 소설이 등장한 건 30년 전이다. 시대를 앞서간 작가 스티븐슨은 현실세계를 살면서도 자신의 아바타로 접속해 살아갈 수 있는 가상세계를 소설에 구현했고 이 새로운 세계에 '메타버스(Metaverse)'라는 이름을 붙였다. 닐 스티븐슨은 30년 후의 오늘을 예상이나 했을까? 페이스북이 사명을 메타로 바꿀 줄 알았다면 '상표등록이라도 해둘걸' 하는 생각을 하지 않았을까?' 그때는 이런 것이 말 그대로 공상과학 소설에서나 가능한 일이었다.

30년이란 세월 동안 아무 변화가 없다가 어느 날 갑자기 메타버스라는 쓰나미를 맞은 것이 아니다. 비록 하나의 단어일 뿐이지만 그 신선한 충격의 여파는 소설 속에만 머물러 있지 않았다. 그리고 책을 읽은 독자들에게만 공유되는 것으로 그치지 않았다.

영감의 동력이 되어 다채로운 장르의 창작물로 전개되고, 시대에 따라 등장하는 기술들과 크고 작은 융합의 실험이 사회 곳곳에서 펼쳐졌다. 그사이 우리의 현실 속 요구와 꿈들이 동력이 되어 이제는 아이들이 꾸리고 만들어갈 또 다른 세상까지 바라보게 되었다.

메타버스를 좇지 말고 본질을 직시하자

메타버스는 이미 잘 알려진 바와 같이 '메타(meta)'와 '세계(universe)'의 합성어이다. 메타는 위치나 상태의 변화와 관련 있는 말로, '더 높은, 초월한'이라는 의미다. 기존의 상태를 넘어서거나 나아가는 것으로 이해하면 된다. 유니버스는 일종의 경험 세계를 칭하는 말로 실상의 경험과 가상의 경험을 모두 포함한다.

처음에는 메타버스를 단순히 가상세계를 뜻하는 말이라고 생각했다. 메타버스를 언급한 많은 사례들이 인터넷 주소를 타고 들어간 곳에서만 활동할 수 있는 것들로 소개되었기 때문이다. 그런데 점차 관련 도서가 늘고 전문가들의 해석이 채워지면서 우리 주변의 몇몇 플랫폼이나 게임류만을 언급하는 게 아니라는 것을 알게 되었다. 이재원 기자가 집필한 《나의 첫 메타버스 수업》(메이트북스, 2021)에서 메타버스를 "단순한 가상공간이 아닌, 고도화된 실감 기술을 매개로 현실세계와 가상세계가 적극적으로 상호작용하는 과정에서 생긴 제3의 세계이자 상호작용하는 방식 그 자체"라고 정의하고 있다.

현실이냐, 가상이냐 하는 것은 메타버스가 다루는 핵심이 아니다. 이 둘을 합쳐 하나의 이상화된 세계를 뜻하는 말이 메타버스라는 것이다. 여기서 핵심은 "두 다른 세계가 왜 합쳐져야 하는가? 무엇을 위해 융합하는가? 그것을 하나로 느끼는 주체는 누구이며, 그 주체의 바람과 생각은 무엇인가?" 하는 것이다.

내가 현실에서 감각할 수 있는 것들이 가상세계에서 최고의, 최상의, 최선의 만족감으로 확장되는 것이니, 내가 무엇을 확장시키고 싶은지에 대한 생각머리를 키우는 것에 대해 고민해야 한다. 뛰고 싶지 않은 아이에게 운동장을 내어준들, 날고 싶지 않은 아이에게 하늘을 내어준들 무슨 소용 있겠는가?

분명 세상의 많은 시도들이 메타버스와 함께할 미래를 모색하고 있다. 뒤에서도 소개하겠지만, 이미 성큼 다가와 일상에 자리한 경우도 있고, 너무 다른 세상 이야기들도 있다. 그럼에도 중요한 것은 '나'라는 주체이다. 아이들 한명 한명이 하나하나의 세상을 만드는 미래가 펼쳐질 수 있다고 하니, 어른들이 규정한 지금의 메타버스가 아닌 아이들과 함께 메타버스 너머의 메타버스를 재정의해보는 것부터 시작해볼 필요가 있다.

메타버스 세상에선 무얼 할 수 있을까?

처음 메타버스가 등장했을 때는 핸드폰 같은 기기에 나타난 화면이 현실과 혼재된 증강현실(AR), 현실과 완전히 차단된 상태에서 만나는 새로운 세상인 가상현실(VR), 현실세계를 디지털로 옮겨놓은 구글 어스(Google Earth) 같은 거울 세계(Mirror World), 일상 정보를 수집, 기록, 묘사하는 각종 SNS와 같은 라이프로깅(Lifelogging)으로 분류되었다.

이러한 구분은 진화하여 평면을 클릭하는 것에 머무르지 않았다. 디지털 세상 속 나를 대신할 디지털 미(Digital Me), 쉽게 말해 아바타를 만들어 움직임이라는 생동감을 주었고, 가상현실이나 증강현실이냐의 구분이 아닌, 이 둘의 개념이 융합된 확장현실(eXentended Reality, XR)로 통합되기도 했다. 거기에 현실 속 상황을 디지털 세상에 그대로 재현해서 각종 시뮬레이션 결과를 예측할 수 있는 디지털 트윈(Digital Twin) 개념까지 더해지고 있다.

메타버스 세상을 향한 일련의 통합과 변화는 4차 산업혁명으로 급부상한 인공지능(AI)과 빅데이터(Big Data), 진화하는 통신 기술의 지원으로 더욱 성장하고 있다. 한마디로 똑똑해지고 있다. 기술 스스로 자동화되다 못해 지능화되고 있다.

어디까지 고도화될지 각종 예측이 난무하는 가운데, 인간의 뇌에 칩을 심어 생각만으로 가상세계를 조정하는 상상을 하기도 한다. 그리고 테슬라의 일론 머스크는 그 꿈같은 상상을 현실의 목표로 삼아 설립한 뉴럴링크(Neuralink)와 같은 기업에서 그것을 실험 중이다.

스마트폰과 PC를 활용해 메타버스 세계로 진입하던 방식과 달리, 새로운 XR 기기의 등장으로 새 세상이 펼쳐질 거라는 전망도 들려온다. 스마트폰을 대체하는 새로운 영역으로 등장해 신체적 자유를 선사함으로써 완전히 메타버스 세계로 몰입할 수 있는 환경을 제공할 것이라고 하는데, 인간의 공간 인식과 세계관이 어떻게 얼마나 변화하게 될까?

메타버스 세상에서 일어나는 일들

과거의 가상세계와 메타버스의 가장 큰 차이점은 경제활동이 이루어진다는 점이다. 그런 면에서 메타버스는 우리 생활 가까이 와 있다. 마인크래프트와 로블록스에서 펼쳐지는 다양한 창작의 세계는 물론, 이슈가 된 포트나이트에서의 콘서트도 있다. 국내 메타버스의 대표 격인 제페토(Zepeto)는 원래 네이버의 자회사인 카메라 앱 스노우(SNOW)에서 출시한 서비스에서 비롯되었다. 나도 아이들과 함께 엉뚱 발랄한 3D 사진을 찍는 재미로 이용하던 앱이었다. 불과 몇 년 사이 애플과 삼성은 자신의 이미지를 3D로 구현할 수 있는 기술을 핸드폰에 심어 개인이 아바타를 만들 수 있는 여건을 조성했고, 그사이 제페토는 '월드'라는 공간을 만들어 개개의 아바타가 서로 교류하고 활동할 수 있는 장을 구축했다.

처음에는 현실 공간을 모방한 월드들이 등장하더니, 2020년 가을 코로나19 시기를 기회로 현실에서 직접 만나기 어려운 공간들이 속속 등장했다. 블랙핑크의 신곡 뮤직비디오 배경 공간이 구현되어 안무를 가르치거나 팬 사인회가 열리기도 했다. BTS는 팬클럽 하나가 '다이너마이트(Dynamite)'의 뮤직비디오 세트장을 제페토 월드에 구현하자 국내외 팬들에게 명소로 소문이 났고, 대형 기획사들의 투자로까지 연결되어 명실공히 제페토는 Z세대에게 K-팝의 거점이 되었다.

나아가 제페토는 해외 명품 브랜드들과 여러 방식으로 콜라보를 진행 중이다. 구찌와는 본사가 위치한 이탈리아 피렌체 배경의 구찌 빌라(Gucci Villa)에 지식재산권(IP)을 활용한 패션 아이템을 3D 월드맵으로 구현하거나, 디올은 제페토만을 위한 한정 스케치를 제안하며 메이크업 컬렉션을 선보이기도 했다. 그 외에도 나이키, 어그(Ugg) 등 여러 패션 브랜드를 비롯해 아이스크림, 편의점에 이르기까지 생활 곳곳에 메타버스를 연결하는 중이다.

또 다른 사례는 직방이 만든 메타버스 기반의 가상 오피스 메타폴리스다. 직방은 널리 알려진 것처럼 아파트, 원룸, 오피스텔, 사무실 같은 현실의 공간들을 중개하는 종합 프롭테크(Prop Tech, 부동산에 기술을 접목한 온라인 서비스) 기업으로 변모하고 있다. 그러나 남의 집을 찾아주는 일들을 하면서 정작 자신들은 가상공간인 메타폴리스로 출근해 업무를 진행하고 있다. 직원들은 제주도에 있든 강원도에 있든, 아바타들을 정해진 시간에 메타폴리스로 출근시켜 필요한 회의에 참여하고, 업무를 진행한다. 마치 현실 공간에 출근해 업무를 진행하듯이 말이다.

이는 직방만의 시도가 아니다. 게임 회사 컴투스는 메타버스의 가상 오피스인 컴투버스(Com2Verse)를 유튜브에 담아 프로토타입 시연 영상을 선보이기도 했다. 신입사원의 업무 시간을 다루고 있지만, 자세히 보면 일하는 시간만을 다루는 것이 아니다. 컴투버스는 하나의 도시를 구축하듯, 크게 오피스 월드, 커머셜 월드, 테마파크 월드, 커뮤니티 월드로 구성되어 일과 생활, 여가의 개념을 모두 포함하고 있다. 2022년 하반기에는 2,500명 그룹사 직원을 전부 컴투버스로 이주시킬 계획이라고 한다.

다양한 플랫폼의 메타버스는 어떻게 하면 오프라인과 유사한 경험을 제공하고 친밀감을 확보하면서 개인의 니즈를 충족시킬 수 있을지, 실질적인 경제 서비스와 어떻게 연동하고 확장할 수 있을지 탐색하는 가운데 성장하는 중이다. 그 수준이나 수월성 여부를 떠나 이미 우리에게 다가온 현실이다. 메타버스는 새로운 시대의 일하는 방식을 담은 새로운 공간이라는 점에서 충분히 우리 삶을 변화시키는 큰 흐름으로 주목해볼 부분이다.

단단한 내일의 토양을 쌓기 위하여

메타버스는 아직 낯설고 확실하지 않은 개념의 혼재와 사례의 충돌 속에서 설왕설래하는 중이다. 코로나19가 종식된 후 대면

세계가 활성화되면 인터넷을 바탕으로 기회를 맞이했던 산업들이나 메타버스 역시 위축될지 모른다는 가설 또한 공존한다. 물론 그럴 수도 있다. 그런데 가만히 생각해보면 안절부절못할 일이 아니다. 당장 내일의 시세를 예측해야 할 주식이 아니라, 아이들이 살아갈 미래를 이야기하는 일이다. 심지어 메타버스라는 말이 살아남아 있을지도 모를 일이다. 그러나 분명 누군가는 드넓은 세상을 꿈꾸며 생각해보지 못한 세계를 발굴하고 확장할 것이다. 그런 세상을 의미하는 '단어'가 어떻게 변하든, 세상에 대해 조금 더 긴 호흡을 갖고 큰 그림을 그릴 필요가 있다. 좀 더 단단한 토양을 쌓아주는 일로서 말이다.

나는 이 혼란한 시기를 겪는 동안 정-반-합, 변증의 원리가 작용하리라 생각한다. 메타버스라는 단어를 맞닥뜨린 초기의 상황인 지금을 정(正)이라고 한다면, 그 반대급부적인 현상으로서 반(反)이 나타날 것이고, 우리 아이들이 만날 세상에서는 얽히고설켜 그때에 맞는 합(合)을 만들지 않을까? 훗날 메타버스라는 단어를 쓰지는 않더라도 정교하고 견고하게 아이들의 미래 어딘가에 자리하다 정(正)이 되어, 또 다른 반(反)을 만날 날이 올 것이다.

그것이 당연한 이치이자 순리다. 그게 언제가 될지, 또 어떤 모습이 될지는 정확히 예측할 수 없다. 그러나 이 지점에서 중요한 것은 전문가의 영역에서 바라보는 메타버스와 엄마의 입장이 같을 필요는 없다는 점이다. 엄마는 메타버스라는 세계의 흐름을 차분히 바라보면서, 내 아이가 주체적이면서도 유연하게 자신의 삶을 살아가기 위한 토대를 쌓아줄 수 있는 그 부분에 집중하면 된다.

어른들의 세계에서는 메타버스가 새로운 먹거리, 미래 산업, 최신 기술, 경쟁력 등의 건조하고 살벌한 말들로 점철되지만, 아이들의 세상에서는 아직 꿈꾸어도 좋을 창작의 씨앗을 뿌려볼 만한 광활한 꿈의 세상이 아닐까? 많은 것을 시도하고, 실패해도 되는 드넓은 실험실로서 말이다.

우리는 이미 30년 전 소설 속 사례에서 훌륭한 가능성을 보았다. 내가 생각한 세상을 그려보고 그것의 이름을 스스로 개념화해보는 것. 아이들이 미래 공간을 대하는 첫 훈련을 나는 《스노 크래시》를 빗대어 바라볼 수 있었다. 우리 아이들과 함께 앞으로 살아보고 싶은 미래 세계에 이름을 붙여보며 떠들어보는 것이다. 평소 검객들과 요괴가 난무하는 괴상한 세계를 떠들던 아이의 얼굴이 떠올라 우선 아이의 이야기에 집중해야겠다는 다짐부터 하게 된다.

미래 교육에 임하는
엄마의 마음

알파고, 넌 누구냐?

인류의 역사에서 불이나 전기가 얼마나 중요한 역할을 했는지는 익히 알고 있다. 그런데 구글의 CEO 선더 피차이(Sundar Pichai)는 "인공지능이 불이나 전기보다 더 중요하다"고 언급해 이슈가 되었다. 도대체 많고 많은 기술들 중에 왜 AI를 꼽았을까?

인공지능(AI, Artificial Intelligence)은 인간의 지능으로 학습하고 추론하고 지각하는 등 여러 능력을 모방, 확장, 발전할 수 있도록 연구 개발하는 분야이다. AI가 현실감 있게 다가온 것은 2016년 이세돌 9단이 알파고와 펼친 대전에서 4판 중 마지막 한 판을 어렵게 이긴 사건 때문이었다. 알파고를 이긴 유일한 인간으로 기록됐을 것이다. 이세돌은 바둑에 있어서만큼은 당대 최대량의 데이터를 머릿속에 담고 있는 사람이었다. 9단이 되기까지 평생 갖은 '수'를 연마하고, 숱한 사람들과 대전을 거듭하며 1인자의 자리에 올랐다. 그런 그를 알파고는 너무 수월하게 이겨 충격을 주었다.

그때부터 사람들은 확실히 체감했다. 인간이 지식의 양과 처리 속도로만 뽐내던 그런 시대는 끝났다는 것을. 인공지능은 양적인 면에서 인간의 뇌를 압도해버렸다. 처리 속도 또한 월등하다. 그러니 이제껏 인간이 지식을 습득하고 처리하던, 단순 주입과 연산의 방식으로만 교육의 내용을 채운다면 필요한 대응을 못할 확률이 매우 높다는 의미다.

심지어 인공지능은 추리하고 사고하고 창조하는 능력까지 갖추고, 나아가 언어 처리, 운동 제어, 사고 및 소통, 지각 감지 등 복합적 능력까지 보유하는 단계로 진화하는 중이다. 그 초월적 능력이 인간의 삶에 해가 되는 날, 통제할 수 없는 날을 대비해야 할 지경에 이르렀다. 앞으로 우리 아이들은 어떤 교육으로 미래를 대비해야 할까?

시대에 필요한 교육을 대하며

인간이 동굴에 살던 시기에는 사냥술을, 농사짓던 시대에는 농

경술을 익히면 되었다. 지금은 4차 산업혁명의 바탕이 되는 기술들 속에서 살아가고 있다.

그렇다면 미래는 어떤 시기라 할 수 있을까? 그것부터 규정해야 아이들에게 필요한 역량, 기술, 지식을 논할 수 있지 않을까? 우리 아이들은 그 미래의 미래까지 생각하며 발걸음을 옮겨야 한다. 하지 않고도 한 듯, 보지 않고도 본 듯, 가지 않고도 간 듯, 인간의 지식과 능력 너머의 지혜를 끌어와 통찰의 영역에서 준비하고 사고하는 힘이 기본값인 양 강요받는 시대가 되었다.

국내외를 막론하고 미래 교육의 방향에 대해 활발한 논의가 일고 있음에도 한국에서는 입시와 대학을 빼고 교육을 논하기가 쉽지 않다. 대학 이외의 다른 대안을 알지도 못하고, 보편적 사례도 많지 않은 사회 분위기 속에서 부모의 선택지는 한정적이다. 대학이라도 나오면 무슨 일이라도 해서 먹고살 수 있다는 생각에, 또 다른 방법을 잘 알지 못하는 탓에 교육에서 대학은 종교와도 같은 절대적 위치에 있다.

반면 미국교육협회는 21세기에 필요한 4가지 역량으로 창의력(Creativity), 소통(Communication), 비판적 사고(Critical Thinking), 협업(Collaboration)의 4C를 꼽았다. 이후 4C는 사회 각 분야를 막론하고 배양해야 할 중요한 능력으로 언급된다. 일찍이 OECD 역시 '학습 나침반(Learning Compass) 2030'을 발표하면서 '학생의 자기주체성(Student Agency)'이라는 개념을 언급한 바 있다. '주체성을 가진 평생 학습자, 책임감 있게 참여하는 시민'이 되기 위한 교육에 방점을 두고 있는 것이다. 기존의 지식을 무비판적으로 수용하지 않고, 낯선 상황에서도 스스로 의미를 발굴하며 나아갈 수 있는 주도적인 힘을 갖춰야 한다고 피력하는 내용이다.

결과적으로 국제적 영향력을 발휘하는 기관에서 이야기하는 미래 교육의 방향은 "무엇을 배우고, 익혀라"는 것이 아니라, 무엇을 배우든 소화할 수 있도록 "스스로의 체질과 자세를 갖추라"는 것이다.

부모가 해야 할 교육

이런저런 병원을 챙겨 다니는 지인이 이런 말을 자주 하곤 했다. "고등학교 때 도시로 유학 와서 엄마가 해주는 밥을 못 먹었어. 한창 성장기에 영양가 있는 것을 먹어야 했는데, 공부 좀 더 해볼 거라고 집을 나와 살다가 실하게 못 먹었어. 그게 나이 먹으니 다 나타나. 그래서 내가 잔병이 많은가 봐."

이 말은 많은 생각을 하게 한다. 부모가 해야 할 교육은 학교 교육과는 또 다른, 어쩌면 평생을 만드는 뿌리 교육이 아닐까? 세포가 성장하는 시기에 부모와 함께하는 삶에서 아이는 평생을 살아가는 기본을 쌓는다. 세상을 바라보는 관점, 신경 쓰는 일들에 대한 특징들, 주로 사용하는 언어들 속에서 틔우는 생각들. 지식을 하나하나 쌓는 것이 아니라 태도를 익히고, 자세를 배우고, 마음을 쓰는 생활 전반에 관한 체질 교육이 부모로부터 시작된다. 또 나이가 들면 부모의 행동을 자식이 그대로 따라 한다.

그러므로 학교 교육의 연장선이 아니라 학교에서 부족했거나 채워줄 수 없는 부분, 사회생활에서 해결하지 못하는 부분을 해소하고 아이가 다시 힘을 내서 일어날 수 있도록 도와주는 것이 부모가 해야 할 교육이 아닐까?

세상에 필요한 교육의 종류는 너무 많다. 부모가 그 모든 것에 하나하나 대응할 수는 없다. 부모가 세상살이에 필요한 모든 것을 다 채워주려고 하기보다는 아이가 세상을 대하는 '시선', '체질', '체력'을 만드는 데 집중하는 것이 더 효과적일지 모른다. 나 역시 이런 교과서적이고 이상적인 생각으로만 사는 것은 아니다. 아이의 생활에서 학업이라는 비중이 커지면서 아이의 크고 작은 성취에 당연히 신경을 쓴다.

주변의 시선에 별 관심 없는, 일명 자유로운 영혼으로 통하는 우리 집 큰아이는 1학년 때 줄넘기를 2개밖에 못한 자신이 2학년이 되어서는 7개를 하게 되었으니 굉장히 성장한 거라고 큰소리친다. 친구들처럼 줄넘기 학원을 다니지 않고도 1학년 때보다 잘했으니, 앞으로도 학원은 다닐 필요 없다는 아이의 말에 어이가 없지만 그럼에도 마음을 다잡는다. "그래, 네가 성장했다고 느끼는 그 마음, 그 기쁨을 알면 되었다."

교육의 답은 무엇인가?

졸업한 지 몇 해 되어 제법 사회인 티가 나는 제자 네댓 명이 서로 약속이나 한 듯 겨울방학 중에 상담할 게 있다기에 반가운 마음으로 만났다. 20세에 입학해 중반에 졸업했던 이들은 어느덧 30대를 바라보며 지금 회사에 계속 다닐지 이직할지를 고민하고 있었다. 대학만 나오면 모든 걱정 없이 살 것 같았는데, 막상 사회에 나가보니 맘 편하게 이야기할 상대를 찾는 것조차 만만찮은 일이었다. 학교에서 우수했던 이들이라 언제나 잘해나가리라 기대했는데, 누구에게나 고민의 시기는 있기 마련이었다. 친정집처럼 찾아온 제자들이 반가워 이런저런 이야기를 나누기를 몇 시간, 어렵게 찾아온 제자들에게 결국 시시한 말로 마무리 지었다. "너 하고 싶은 거 하고 살아." 그건 진심이었다. 어쩌면 이 말은 살면서 내가 누군가에게 듣고 싶었던, 이렇게 살고 싶었던 내 마음인지도 모르겠다.

나 역시 그 나이 때 어떤 분이 "너 꿈이 뭐니?"라고 물어본 적이 있다. "꿈?" 생각해보니 그런 말을 듣지도, 대답해보지도 못했다. 어쩌다 보니 성인이 되었고, 전공을 택했으니 더 이상 꿈이랄 것이 없을 줄 알았다.

하지만 꿈이란 대학 생활을 하는 내내 걸음걸음 막힌 벽 같았던 내게 한 뼘의 열린 숨구멍 같았다. 잊고 있었던 '내 꿈'에 대해, '내 미래'에 대해, 그리고 무엇을 준비해야 할지에 대해 다시금 생각해보게 된 시간이었다. 학생들을 상담할 때면 학년 여부를 떠나 뭘 하고 싶은지, 왜 그런 생각을 하는지, 그걸 실현하기 위해 무슨 노력을 하는지 묻는다. 시시때때로 꿈이 바뀐다고 걱정하는 학생들도 있다. 사람이 머리가 있으니 보고 듣고 생각하는 것에 따라 변하는 것은 당연한데도 말이다. 어쨌든 하고 싶은 일, 혹은 꿈이 있다는 것 자체가 희망적이다.

교육은 "하고 싶은 일을 할 수 있도록 준비하는 것"에 있다고 생각한다. 사람마다 하고 싶은 일이 다를 테니, 그에 따라 길거나 짧은 시간이 필요할 것이다. 기술이나 이론으로 무장해야 할 때가 있고, 때로는 감성적이고 몸으로 체득할 필요도 있을 것이다. 아이들의 꿈과 하고 싶은 일들에 따라 그 과정도 다를 수 있음을 인정해야 하지 않을까?

세상은 내 아이의 꿈이 궁금하지 않다. 그러나 내 아이는 그 꿈을 통해 숨을 쉬고 오늘도 내일도 살아간다. 이제 그것을 알아주는 든든한 지원자로서 함께 바라봐 주자. 그리고 함께 꿈들에 관해 이야기를 시작해보자.

2부

어떻게 공간을 탐색하고
활용할 것인가?

1장

아이들을 이런
공간으로 데려가라

숲(자연)은
영원한 영감의 원천

숲에서 크는 아이가 되도록

중학생 때까지 가끔 주말 오전이면 뒷산에 올라 배드민턴을 치다가 약수터에서 물 한 바가지를 들이켜고 내려오곤 했다. 올라가는 것은 잘하는데 내려가는 것을 힘들어했던 내게 산은 낯설지 않은 도전의 장소였다. 매번 비슷한 길을 다니는데도 날씨에 따라 달라지는 흙 상태에 따라 밟는 발바닥의 감각에 온 신경을 써야 했다. 쓰지 않던 근육에 자극이 왔고, 혹여나 넘어지지 않을까 걱정하다 내려왔을 때는 성취감이라는 단맛을 맛보곤 했다.

세월이 흘러 지금은 북한산과 맞닿은 학교에서 학생들을 가르치고 있다. 바로 뒤에 산이 있으니 등산도 자주 할 거라고 생각하겠지만, 실상은 그곳을 찾는 등산객을 보며 이곳에 산이 있음을 새삼 느끼는 정도다. 그러면서도 출퇴근길마다 계절에 따라 변하는 나무와 꽃, 푸른 잎들을 마주하고, 간간이 창밖으로 바람에 나부끼는 잎들을 보며 잠시 '멍 때리기'로 심신을 추스르곤 한다. 뭔가 들뜬 마음, 처진 마음의 값을 '0'으로 만들어 다시 세팅하는 효과라고 할까? 남들처럼 산 속으로 푹 빠져들지는 못하지만, 소극적이나마 시각적 충만함에 만족하며 산다.

숲과 같은 자연이 주는 건강한 효과를 믿기에 내 아이도 어릴 적부터 자연을 만나게 해주고 싶었다. 그러나 예전처럼 뒷산이 있는 환경에 살지도 않고, 숲에서 내 몸을 어떻게 써야 하는지도 잘 몰라 선뜻 아이를 데리고 숲에 갈 용기가 나지 않았다. 그러던 차에 큰아이가 6세 때 서울 근교 숲 학교를 알게 되어 한 달에 한 번, 아침 10시부터 오후 4시까지 자연인으로 살다 오는 프로그램에 보냈다.

자연식으로 만든 음식을 먹고, 자연에 둘러싸여 자연을 가지고 놀다 왔다. 여름이면 개울가에서 흠뻑 젖도록 놀고, 겨울이면 얼어붙은 빙판길에서 썰매를 탔다. 봄이면 봄나물을, 가을이면 추수의 과실을 맛보며, 자연의 섭리를 몸으로 배웠다. 푸르면 푸른 대로, 붉으면 붉은 대로, 또 흙이 마르면 마른 대로, 질면 진 대로, 계절마다 다른 색과 질감의 옷을 입는 산을 마주하며 자연에서 느끼는 감각을 쌓아가고 있다.

1년 사계절, 한시도 같은 모습이 없는 자연은 매번 다른 놀이와 먹거리, 탐구 거리, 창작 거리로 아이의 심신을 키워주고 있기에, 앞으로도 숲의 힘에 좀 더 기대볼 계획이다.

아마존의 사옥은 왜 아마존이 되었을까?

세계 최대의 온라인 플랫폼 기업 아마존이 미국 시애틀에 사옥을 지으면서 아마존 스피어라 불리는 유리공 3개를 뭉쳐놓은 건물을 세웠다. 실리콘밸리의 기업들과 달리 도심 한복판이었다. 시애틀은 미국에서도 소득 수준이 가장 높은 첨단 도시로 꼽힌다.

아마존 스피어는 6,000㎡ 대지에 38층 높이의 오피스 타워와 그 옆에 지름 40m, 높이 27m의 유리 돔형 인공 정원으로 조성되었다. 내부 경쟁이 심한 것으로 유명한 아마존에서 직원들의 휴식과 생산성, 창의성 향상에 필요한 환경을 제공하기 위한 일환으로 추진되었다. 항상 20~22도의 실내온도를 유지하는 가운데 4만 개 이상의 열대우림 식물과 인공폭포를 조성해 두었다. 자연 속에서 일하거나 휴식을 취할 수 있는 특별한 장소이다.

여기에 머무르지 않고, 2020년 초 아마존은 마치 소라를 뒤집어 세운 것 같은 나선형의 제2사옥 헬릭스(Helix)를 버지니아 알

링턴 지역에 지을 계획이라고 발표했다. 그 지역에 자생하는 식물들에 둘러싸인 다양한 대체 근무 환경을 제공한다는 취지다. 비지니아 현시에서 100% 태양열에너지를 조달받을 예정인데, '자연'의 섭리를 거스르지 않기 위해 2040년까지 탄소 제로를 실현함으로써 지역 정부와 함께 기후변화 정책을 주도하겠다는 기업의 의지를 공간에 담았다.

2021년 7월 우주관광을 성공시켜 세상의 주목을 끈 제프 베이조스(아마존 이사회 의장)는 우주 관광을 떠나기 한 달 전까지 아마존의 CEO였다. 그의 행보를 보건대 아마존의 비전은 온라인 플랫폼 1등 기업이 아니다. 2000년부터 첨단 기술의 집약체라는 우주산업에 뛰어들어 민간 우주업체 블루 오리진을 설립해 실험과 도전을 이어가고 있다. 이미 4차 산업혁명을 견인하는 핵심 기술과 정밀 기술들을 구축했다는 평가도 받고 있다.

부모라면 내 자식이 세계적으로 인정받는 그런 곳에서 인재로 자리매김하며 성공적인 인생을 살아가는 모습을 한 번씩 꿈꾸어 보지 않을까? 혹은 그런 선진적인 대열에 함께하는 모습을 떠올리며 더 나은 미래를 위해 지금의 투자를 하는 것은 아닐까? 그런데 그들의 꿈을 담은 공간인 사옥의 모습을 다시 떠올려보면 역설적이라는 생각이 든다.

아마존의 홈페이지(www.aboutamazon.com)를 보면, 생태친화적인 디자인을 수용하는 공간으로서 사람들의 창의성을 고취하고 두뇌 기능을 향상하기 위해 다양한 자연 공간을 마련하여 수천 종의 식물을 심었다고 설명하고 있다. 혁신적인 사고를 지향하면서 도시에서도 누릴 수 있어야 하는 본능과도 같은 '자연'은 포기할 수 없는 대상이다.

아마존의 시애틀 사옥은 지구 최고의 기술을 가진 그들일지라도 인간이 누려야 할 조건으로 '자연'만 한 것이 없다는 것을 역설적으로 보여준다. 돈이 없는 그들이 아니다. 돈으로 할 수 있는 최선을 다한 것이다. 최선의 답이 '자연'에서 찾아지고 있다. 정글과 같이 치열한 세상에서 균형을 잡고 살아야 하는 이 때, 아마존은 그 핵심을 '자연'에서 찾은 듯하다.

창의력을 키우는 자연 속 걷기

금방 수그러들 줄 알았던 코로나19는 몇 가지 변이를 낳으며 현재도 진행형이다. 그런 어수선한 가운데 눈에 띄는 공원 계획 하나가 오스트리아 수도 빈에서 발표되었다. 이름 하여 '거리두기 공원(Parc de la Distance)'이다. 정방형 모양의 대지에 관목과 교목들이 줄지은 사이로 한 사람이 지나갈 수 있는 넓이의 지문 모양의 미로 정원이 조성되어 있다.

좁은 1인용 산책로는 한 번 시작하면 600m 산책길을 걸어야 하기에 산책로 양 끝에 '사용 중'이라는 표지판을 달아 동선이 겹치지 않도록 운영한다. 우리가 일반적으로 알고 있는 너른 들판에 벤치가 있는 그런 공원은 확실히 아니다.

그 형상을 자세히 보면 평소 현대인과 자연이 만나는 일상의 접점이 무엇인지를 다시 생각하게 된다. 공원은 도심에서 자연을 만나는 쉬운 방법이다. 공원에서는 바라보기, 드러눕기, 걷기, 잠자기, 먹기 등 뭐든 할 수 있다. 그런데 이 공원은 강제적으로 걷게 한다. 잠시 머무를 수는 있지만 600m에 이르는 평평한 거리를 끝까지 걸어야 한다. '걷는다'는 것이 무엇이길래 사회적 거리두기를 해야 하는 상황에서 '걷기' 위한 공원을 만들었을까? 왜 굳이 걷게 한 것일까?

발터 슈미트의 책 《공간의 심리학》(문항심 옮김, 반니, 2020)에서는 머리를 써야 할 때 걸어야 하는 이유를 여러 근거로 설명한다. 기존의 지력이 퇴화하지 않으려면 뇌도 훈련해야 하는데, 꾸준히 걷는 행위는 "사람이 살아갈 수 있는 힘을 이끌어내고, 명확한 사고를 하는 데 도움을 준다"고 한다. 근육의 움직임과 정신적 창조는 서로 맞물려 있기 때문에 치료 요법으로도 활용한다고 하니, 걷는다는 것은 단순한 신체 활동이 아니라 인간의 이성과 감각을 모두 깨우는 일이다. 그래서 아마존, 페이스북, 애플의 사옥도 직원들이 걷는 환경에 쉽게 노출될 수 있도록 산책길을 만들어놓은 것인지 모른다.

걷는 과정에서 만나는 바람과 바닥의 흙, 나뭇잎의 흩날림, 가끔 들리는 새소리와 맑은 하늘빛을 느끼며 평소와 다른 감각으로 답답한 마음을 다스리면 생각도 유연해지고 정리도 잘된다. 머릿속에 지식을 담는 것도 중요하지만, 이것을 자신의 것으로 종합하는 것이 더 중요한 시대에 걷기는 단순한 신체 운동이 아니다.

자연이 주는 효과에 기대어

도시 생활에서 느끼는 과도한 스트레스는 어른들에게만 있는 것이 아니다. 교육을 받는 시점이 빨라지면서 어린아이들이 교육기관에서 지내는 시간 역시 늘고 있다. 아이의 삶이 일찍부터 일정한 스케줄로 고정되어 있다. 새롭게 만나는 공간 그 자체가 배움일 수 있는 나이에, 모든 것이 통제된 상황을 안전하다고 여기며 그러한 환경에 길들여지고 있다.

우리나라도 2000년대 들어 '자연'에 주목하게 되었다. 아이들을 대상으로 한 자연 체험이나 숲 체험 프로그램이 증가했는데, 이 숲은 유아들에게 다중지능을 발달시키는 공간으로서, 환경·체험 영역과 사회·정서 영역에서 아주 큰 효과를 보였다. ("유아 숲 체험활동의 효과에 대한 메타분석 : 중재변인별 효과 크기를 중심으로", 조영민 외, 한국임학회지 Vol. 105, No. 1, pp. 139~148, 2016.)

그래서일까? 우리 아이가 산만했던 일상에서 자연을 만나고 오

면 조금이라도 균형을 잡아가는 느낌을 받는다. 선생님의 안내로 숲속에서 시간을 보냈겠지만, 아스팔트 위를 걷고, 엘리베이터로 시선의 높이에 변화를 주던 일상과는 달리, 숲길을 다니고 물길을 건너면서 그동안 쓰지 않았던 감각을 느꼈을 것이다. 숲은 온전히 자신의 발걸음에 의지해 자신을 믿고 나아가야 하는 곳이다. 자신감이 없으면 시작도 할 수 없는 것이 자연의 길이다. 자연은 우리에게 숲길, 산길, 물길을 내어주며 오랜 시간 함께해왔다. 그 안에 많은 답을 숨겨놓고 말이다.

세계 유수의 기업들과 창작자들은 자연이 주는 힘에 기대어 원리를 깨닫고, 이를 활용해 신기술을 개발하거나, 관련 산업을 일구며 미래를 바라보고 있다. 그런데 정작 우리나라 아이들은 국토의 70%가 산이라는 조건이 무색하게 동네 여느 숲속에서 크게 숨 한 번 들이켤 여유 없이 살고 있다.

누군가 편집해둔 영상이나 글을 통해 '숲'을 만나는 아이가 아니라, 숲 그대로를 온몸으로 느낌으로써 자기만의 숲을 이야기할 수 있는 아이로 키워야 하지 않을까? 경험이 자산이고, 생각이 자원인 시대를 살아갈 아이들이 숲이 주는 풍요로운 영감과 회복의 힘을 직접 느끼고 기억할 수 있도록 말이다.

박물관은
살아 있다

나만 기다려주면 되었던 일

아이가 초등학교에 입학한 해 5월 5일 어린이날을 맞아 용산 국립중앙박물관을 다녀왔다. 그런 날은 왠지 그런 곳을 가줘야 부모 노릇을 하는 것 같아 미리 예약해둔 터였다. 박물관은 초입부터 프로그램을 소개하는 사람들과 푯말로 어린이날이라는 걸 느낄 수 있었고, 아이들의 손에는 프로그램 수첩와 연필 같은 기념품들이 쥐어 있었다.

수첩에는 어린이들이 박물관 곳곳에 자리한 유물 9개를 찾는 미션이 있었는데, 어느 순간부터 박물관에서 수첩을 들고 다니는 아이들의 동선이 겹쳐 서로 알려주거나 힐끗힐끗 비교를 하는 경우도 생겼다. 넓은 박물관 곳곳을 뒤지는 일은 8세 아이에게 쉽지 않았다. '여덟 살짜리에겐 좀 어려울 것 같은데?' '이것 끼리 무슨 관계가 있지?' '이걸 왜 찾지?' 이런 생각에 내 마음만 분주했다. 한 번 보면 다 알고, 뭐든 깊이 있게 보기를 바라는 것은 엄마의 마음일 뿐 아이는 나름의 속도와 관심에 맞춰 다녔다. 어쨌든 아이는 미션을 완수했다는 뿌듯함을 안고, 생선 가게 앞 고양이처럼 기념품 코너에서 수첩도 하나 구입하는 것 으로 관람을 마무리했다. 그렇게 박물관은 아이에게 좋은 시간 을 준 제법 괜찮은 곳이었다.

그 후로 국립중앙박물관 기념 수첩을 줄곧 들고 다녔는데, 원

파주 국립민속박물관의 '열린 보존 과학실'에서 체험 중인
큰아이

주에 있는 뮤지엄 산을 방문했을 때도 마찬가지였다. 수첩을 들고 다니는 게 귀찮을 법도 한데, 국립중앙박물관에서의 경험 덕분인지, 멋스럽다고 느끼는지, 수첩에 적을 거리를 찾느라 스스로 이곳저곳을 찾아다녔다. "이건 좀 보면 좋겠는데, 꼭 보고 가지 그러니?"라는 말이 목구멍까지 올라왔지만 내뱉을 수 없었다. 한참을 아이가 움직이는 대로 따라가다 종이 제작 과정을 설명해놓은 코너로 들어갔다. 아이는 들고 있던 수첩을 펴더니 세심하게 관찰했던 뭔가를 적었다. 다른 사람들의 시선은 개의치 않고, 자신의 생각에 집중하는 모습이 인상적이었다. 왜 적는지도, 어디다 쓰려는지도 모르지만, 흥미가 이끄는 대로 행동하면서, 아이는 전시에 흠뻑 빠져 있었다.

아이의 그 모습을 보고서야 나는 오늘 하루 나를 조바심치게 했던 실체의 허무함을 마주하게 되었다. '아, 나만 기다려주면 되는 거였구나.' 아이는 자기 스스로 박물관이 새롭고 흥미로운 곳이라는 경험치 하나를 추가하고 있었다.

박물관은 이야기 판도라 상자

문화심리학자 김정운 박사의 《바닷가 작업실에서는 전혀 다른 시간이 흐른다》(21세기북스, 2019)에는 동굴 벽화 속 소에 관한 이야기가 나온다. 김정운 박사는 스페인의 알타미라 동굴 벽화이

건, 프랑스 라스코 동굴 벽화이건 살아 있는 것을 잡아먹고 나니 자신도 잡아먹힐까 두려워 소의 신령들에게 바치는 그림으로 남겼다고 해석했다. '소'를 그리는 것이 불안한 마음을 위로해주는 일이었다면, 지금처럼 소를 많이 먹는 시대에 소를 그리지 않는 이유에 대해서도 얘기해볼 수 있지 않을까?

이전에는 인간이 기록을 남긴 동굴이라는 대상 자체에 관심이 있었지, 거기에 소가 왜 그려져 있는지는 관심이 없었다. 그런데 그림이라는 형식 때문에 그림의 기법이나 색상, 염료 등 기술적으로 소를 바라보는 것이 아니라, 소를 대하는 당시 사람들의 시선을 따라가면서 여러 이야기를 만날 수 있다고 생각하니 벽화가 새롭게 느껴졌다. 한 편의 극을 써 내려가는 작가처럼 벽화를 그린 사람들이 궁금해졌다. 영화감독의 시선으로, 화가의 시선으로, 게임 기획자의 시선으로 얼마든지 소와 동굴 그리고 사람들의 생활을 가지고 상상력을 펼쳐낼 수 있단 생각에 들떴다.

박물관은 정답의 영역이 아니라 해답의 영역이다. 아이와 박물관에서 만난 유물에 대해서도 좀 더 열린 마음으로 이야기를 나눌 수 있다. 사람 사는 데 정답은 없다. 교과서에 나오는 문제를 풀기 위해서가 아니라 삶의 지혜로 가득한 곳으로 박물관을 바라봐야 한다. 유물은 인류가 쌓아온 역사의 마중물로 하나를 제대로 이해하면 줄줄이 뽑혀 나오는 감자 덩굴처럼 볼거리, 들을 거리, 생각할 거리를 수두룩하게 제공한다. 역사 점수, 사회 점수를 잘 받게 하기 위해 데려온 것이 아니라, 세상을 바라보는 시선의 폭을, 생각의 크기를 키워주기 위해 데려온 것임을 느끼도록 이야기를 나누어야 한다.

벽화에 그려진 소를 보고 "무슨 색으로 보여?", "어떤 소가 커? 이 시기가 언제야?"라고 묻는 것은 제대로 된 질문이 아니다. 질문의 수준을 엄마가 높여줘야 한다. '왜'가 빠진 질문은 알맹이가 없다. 박물관에는 시대를 대표하는 흔적들이 가득하다. 유물은 이야기를 펼칠 준비를 하고 있으니, 속도를 조금 줄이고 마음을 담아 바라봐야 한다. 아무 상관없는 옛 유물에 내 아이의 관심을 살짝만 연결해준다면 내 아이가 박물관에서 만나는 세상은 한껏 자유로워질 것이다.

박물관을 관람하는 것도 해외여행을 하는 방식처럼 바뀌어가고 있다. 패키지 여행의 핵심은 도장 깨기를 하듯 많은 곳을 빠르게 이동해 사진을 많이 남기는 것이 포인트였다. 하지만 지금은 속도와 양이 절대 기준으로 작용하지 않는다. 그저 그 자체에 흠뻑 빠져보는 나만의 경험이 더 중요한 시대다. 박물관도 다르지 않다. 얼른 보고 나가기 바쁜 게 아니라 한 번 방문할 때 하나씩만 제대로 봐도 좋다. 깊게 천천히 알아가도 괜찮다. 특히 아이들에게는 얼마나 깊이 봤는가를 논하기 앞서 얼마나 깊이 읽어낼 수 있는 힘을 키웠는가가 중요하다. 아이가 어릴 때는 그 답답한 구멍 하나를 뚫어줄 수 있는 사람이 엄마다. 엄마와 두 번 세 번 이야기를 엮어가다 보면 아이들의 자부심이 커지고 있음을 느낄 수 있다. 아이들과 박물관에서 나눈 핑퐁 대화의 힘은, 일상으로 돌아와서도 아이와의 관계에 도움을 준다. 벌써 사내아이라고 말투부터 달라진 우리 집 큰아이도 가끔 함께한 박물관 얘기를 꺼내면, 그게 어땠고 저땠고 하며 조잘조잘 잘도 떠들어댄다. 박물관이라는 공간 추억 하나로 아이와의 이야기 소재가 하나 덧대어진다.

박물관을 적극적으로 활용하자

박물관의 여러 목적 중 하나가 교육이다. 일찍이 미국박물관협회(AAM)는 "박물관이란 원래 교육을 기본 목적으로 하는 기관"이라고 정의했다. 미국 박물관의 90%가 유치원부터 고등학교 전 과정에 이르는 수학, 과학, 역사, 미술과 관련된 교육 프로그램을 제공하고 있다. 그런 이유로 1990년대에 이미 어린이를 위한 박물관의 수가 급증하기도 했다.

공교육의 영역이 학교라는 틀 안에서만 이루어져야 한다고 생각하지 않는다. 박물관은 한 사회의 공적 자산으로 공교육 현장의 연장선상에 있다. 국공립으로 운영되는 미술관, 박물관, 기념관이 얼마나 많은가?

개인적으로 명성 있는 박물관에서 하는 교육 프로그램을 적극적으로 활용하려고 노력한다. 무엇보다 내용의 정확성이 높은 편이라 각 기관에서 진행하는 프로그램을 선호한다. 심지어 가격도 좋다.

우선 구성원의 면면을 볼 때 검증된 교육을 받은 전문가들이 모여 있기에 내용 면에서 가장 정확하다. 둘째, 돈이 될 것 같거나 인기가 있을 것 같다는 이유만으로 마구잡이로 만들지 않는다. 박물관마다 관의 성격에 따라 프로그램이 기획되기 때문에 취

파주 국립민속박물관의 '열린 보존 과학실'에서 체험 중인 큰아이

지를 쉽게 파악할 수 있다. 셋째, 그들이 몸담고 있는 공간인 박물관 환경 자체가 교육적이기 때문이다. 배워도 배우는 줄, 놀아도 노는 줄 모르는 상태에서 자연스럽게 효과적인 교육이 이루어질 수 있다.

박물관은 고루하지 않다

국립중앙박물관에서 고구려시대 고분벽화를 실감 영상으로 만들어 공개하고 있다. 영상이라는 매체가 주는 힘 때문인지, 아이들은 10분이 넘는 영상을 불편한 자세에서도 꼬박 앉아서 보았다. 벽화 속에는 주작이라는 새들이 날아다니고, 자세히 모르지만 별자리와 관련된 표현이 가득하다. 고분 속으로 들어가면 겉과 다른 새로운 공간이 펼쳐져 몰입을 이끈다. 평소 화면이나 지면에 새겨진 빨갛고 파란 그림이 아닌, 지하 세계라는 공간에서 펼쳐진 뭔가 오묘한 색감과 낯선 표현이 아이의 시선을 끌어당긴다. 관람을 몇 차례 하고 나서 고구려 전시를 지날 때 "아까 봤던 그거야?" 하면서 자연스럽게 머릿속으로 고구려를 상상한다. 이런 과정을 통해 내 아이표 고구려가 만들어진다.

그렇게 시작하면 되지 않을까? 고구려 고분이 죽은 자를 위한 공간이고, 그곳에서 망자를 지켜주는 영험함을 지닌 새가 주작

임을 아는 것만으로 충분하다. 아이들은 박물관과 교과서의 텍스트를 오가며 자신의 고구려를 만들어갈 것이다.

박물관이나 미술관을 가면 하나하나 설명하지 않으려고 한다. 아이 입장에서 특별히 재미있는 것도 아니고, 엄마가 심도 있게 설명하지 못하는 것이 태반이기 때문이다. 어설프고 단편적인 이야기를 하는 나 자신을 발견하면 회의감이 몰려오기도 한다. 아이가 생각할 수 있는 열린 질문을 해야 하는데, OX 퀴즈 맞추기 수준도 안되는 말을 하는 경우, 스스로가 한심하다. 엄마가 공부를 안 하면 할 수 있는 이야기가 없다.

내 아이가 공룡에 빠져 있었던 그 시절을 생각해보자. 외우라

| 국립중앙박물관의 디지털 실감 영상 '돌벽 위에서 만난 고구려' |

고 하지 않아도 백악기, 쥐라기를 알았고, 그 시대에 살았던 공룡들을 분류해내는 걸 보며, '내 자식 천재 아닌가?'라는 착각에 빠졌다. 우리 아이들은 관심만 있으면 자신의 지식을 연결시키는 힘을 갖고 있음을 보여주었다.

공룡 그림, 공룡책, 공룡 모양의 과자, 공룡 영화와 만화 등 수도 없이 많은 공룡 아이템으로 점철된 시간 속에 놀이가 학습으로 자연스럽게 녹아나지 않았던가? 물론 계속 같은 방식만을 고수할 순 없겠지만, 아이들은 기본적으로 뭔가 흥미로워야 깊어진다. 그러니 이제 스스로 공룡으ᇰ롵아갔던 내 아이를 믿고 박문관리 품은 인류의 흔적과 지혜를 활용해 아이가 가진 흥미의 대상을, 관심의 깊이를 키워보자.

시공을 넘어
예술을 만나다

미술관은 가장 왁자지껄한 감각의 장소

우리가 눈으로 어떤 대상을 본다는 것은 시각적으로 보기만 한다는 뜻이 아니라 '알게 된다'는 뜻이기도 하다. 한 번 보고 아는 것도 있지만 계속 보면서 알아가는 경우도 있다. 어릴 적 아무 감흥도 없던 그림을 성장하고 나서 다시 보게 되었을 때 어느 순간 마음에 와 닿아 인생의 작품으로 삼기도 한다.

작품을 감상할 때, 사람들이 바라보는 것은 전시물 자체의 특징만이 아니다. 작품을 바라보고 있지만, 사실은 그것을 바라보는 자신의 감정에 집중한다. 작품에 관련된 경험치가 얼마나 축적되어 있는지에 따라 전시 대상과 교감의 거리가 정해진다. 나는 미술관이 엄격하고 정숙해야 하는 곳이라고 생각하지 않는다. 화가가 많은 시간 생각하고 오랫동안 고민해서 그리는 그림에 대한 반응이 결코 획일적일 수 없듯이, 자유롭고 다양한 방식으로 미술이 주는 자극을 자유롭게 소화할 수 있는 곳이어야 한다고 믿는다.

미술관은 여러 유형의 공간 가운데 문제시되는 이슈들을 드러내는 것을 마치 소명으로 삼는 성격을 갖고 있고, 다른 관점들을 충돌시킴으로써 생간의 변화를 이끄는 곳이다. 보는 사람마다 느끼는 바가 다르고 각자의 해석도 제각각인 매체가 가득한 곳이다. 게다가 미술관만큼 많은 이야기를 담고 있으면서 다종다양한 방식으로 시대를 드러내는 곳도 없을 것이다.

미술관은 다양한 시대를 다루기도 하지만, 여러 개성 있는 관점을 보여주는 매우 현대적인 곳이다. 시끄럽고 불편한 감정도, 낯설고 어색한 감정도, 때론 너무 좋아 살고 싶은 마음도 미술관에서는 활발하게 표현될 수 있어야 한다. 그런 반응을 표현하는 사람들을 바라볼 수 있는 것 역시 미술관에서 누리는 혜택일 것이다.

놀이터 가듯 데리고 가자

이렇게 의미 있는 미술관이 우리 아이들에게 열린 자세인지는 잘 모르겠다. 노키즈존만큼이나 엄격한 분위기여서 미술관에

들어서려니 덜컥 겁부터 난다. '아이들이 시끄럽게 굴지는 않을까, 뭘 만지지는 않을까?' 불편한 시선을 보내는 곳이 적지 않다. 엄마 입장에서는 마음 편하게 갤러리 같은 카페를 가거나 럭셔리한 키즈 카페를 찾는 것이 마음 편하다.

그럼에도 미술관의 힘을 믿는 나는 아이들을 놀이터처럼 풀어 놓는다. 특히 삼청동에 있는 국립현대미술관을 애용한다. 우선 규모가 크고 공간이 넓다 보니, 아이들의 부산함이 좀 덜 민망하다. 실외 공간도 있고, 실내 공간도 있다. 실내 공간도 전시 관람 외에 여유를 가질 공간이 로비 주변에 두루 있다. 전시도 알든 모르든, 좋아하든 안 하든, 보든 말든 내 속도와 관심으로 시도했다가 여러 번 실패한 후 아이의 흥미가 이끄는 대로 내 버려둔다.

공간은 낯가림하는 아이처럼 좀 익숙해져야 편안해지고, 마음이 편해야 감정이 생긴다. 한 번 가봤는데 어색해한다고 포기하지 말고, 두 번 세 번 가다 보면 미술관의 아우라에 빠져들기도 한다. 3~4세 때는 미술관을 파스타 먹는 식당인 줄 알았고, 5~6세 때는 잔디가 있는 놀이터인 줄 알았고, 7세 때는 기념품 숍에서 쇼핑이나 하자 그랬다가 8세 때는 거기 또 안 가냐고도 한다. 그러다 하나라도 관심이 당기면 유심히 보기도 하고 나름의 비평도 한다. 또 단골 코스인 기념품 숍과 북숍에서는 맘에 드는 작품이 새겨진 뭔가를 하나 집어대며, 아까 본 작품을 소장이라도 하게 된냥 좋아라 한다. "익숙해지고 있구나"를 느끼는 중이다.

오늘도 '별이 빛나는 밤'

우리 아이들 나이가 4세, 8세 때 방학도 했으니 문화생활을 시켜주겠다는 마음에 벼르고 별러 제주도에 있는 '빛의 벙커'를 갔다. 빛의 벙커는 더 이상 쓰지 않던 국가 통신시설의 벙커를 활용해 몰입형 미디어아트를 도입한 전시 공간이다. 공간의 역사 이야기도 이색적이라 아이들에게 설명해줄 거리도 많았고, 진입하는 공간의 느낌도 색달라 기대감을 키우며 성공적인 전시 관람을 기대했다.

하지만 결과는 엄마의 착각일 뿐이었다. 고흐의 작품들은 음악과 함께 사람의 감정을 휘감아 바닥, 벽, 천장을 넘나들며 이야기하듯 다가와 주었기에 더 알고 싶고, 바라보고 싶은 마음이 굴뚝같았다. 그러나 네 살짜리 아이는 '무서워'를 연발했고 '안아줘'를 백만 번 해대며 전시 관람을 인고의 시간으로 만들어버렸다. 여덟 살 큰아이는 초반에 몇 개 보는 마는 둥 슬렁슬렁 돌아다니더니 정작 기프트숍에서 열정이 불타올라 '별이 빛나는 밤'과 관련된 작은 퍼즐과 프린트된 엽서를 사며 뿌듯해 마지않았다.

그날 저녁 숙소로 돌아온 아이들은 그림 놀이를 했다. 그런데 그림의 모양이 신기하게도 '별이 빛나는 밤'이 아닌가? '별이 빛나는 밤'은 빈센트 반 고흐의 대표작 중 하나다. 작품 이름은 모르더라도 이 그림을 한 번쯤 보지 않은 사람은 거의 없을 것이다. 이 작품은 고흐의 그림이라는 걸 한눈에 알아볼 수 있는 특유의 붓놀림으로 가득하다. 어두운 밤하늘에 빛나는 별과 달, 그리고 나무 한 그루와 마을의 전경이 펼쳐져 있다.

아이의 그림은 별과 사이프러스 나무, 성당의 위치와 모습이 비슷했고, 나름의 모사와 묘사로 작은 화면들이 채워지고 있었다. 아이는 자기 나름대로 어두운 벙커의 움직이는 그림들에서 고흐를 만나고 있었다. 곰곰이 생각해보니 아이가 집중하던 순

| 고흐의 '별이 빛나는 밤'을 흉내낸 아이의 그림과 우연찮게 만들어진 작은 전시 |

간이 있었다. 고흐 아저씨 이야기를 해줄 때였다. 시력에 문제가 있어 세상이 저렇게 끊기듯이 보였다고 하자 "그럴 수도 있나?" 하던 반응이 기억난다. 어른들의 집중력과 관람의 길이가 아닐 뿐 아이는 자신의 방법으로 머리와 마음에 새겨 넣었다.

어찌 되었든 제주도 여행을 다녀오고 반년이 지난 뒤에도 서점에 가서 '고흐'와 관련된 책을 만날 때면 슬쩍슬쩍 자신이 알고 있음을 과시한다. 네덜란드에 고흐 박물관이 있다고 이야기해주자, 자신이 봤던 진짜 그림도 있냐며 언제 데리고 가줄 거냐고 묻는다. 고흐 특유의 표현 기법이 보이거나 색감을 느끼면, "별이 빛나는 밤이랑 비슷한데?", "벙커에서 봤던 그거잖아, 그날 비 왔는데"라며 그날의 전시장과 주변 상황을 그림과 엮기도 한다. 미술을 담은 장소를 매개로 8세 아이의 마음에 고흐가 같이 놀고 있었다.

처음 아이를 빛의 벙커로 데리고 가고 싶었던 이유를 생각해보면, 지금 아이가 보이는 행동과 맞닿아 있다. 바로 작품과 작가를 자신의 생활 속에 자연스럽게 녹여내는 일이다. 그런 시도 중 하나로 만난 '고흐'는 나름 의미가 있었다. 그림 하나를 대하더라도 자신이 어떻게 마주하고 소화하고 있는지를 그려보고, 누군가에게 설명도 해보고, 책도 읽어보고, 기념품도 만지작거리면서 조금씩 자기 이야기를 입히고 있기 때문이다. 새로운 그림을 만나는 경험은 아이에게 다른 세상을 보여주고 사람들을 소개해주는 일이다. 무궁무진한 작품을 만날 수 있는 곳, 미술관이다.

미술을 보는 것은 세상을 읽는 방법 하나를 얻는 것

미술관에서 만나는 그림은 어떤 것이든 사연이 있고 메시지가 담겨 있다. 마치 한 권의 책처럼 말이다. 그것을 어떻게 흡수할 것인가는 온전히 관람자의 몫인 만큼 감상자의 이해와 지식에 따라, 또는 기술과 과학의 눈으로, 문학과 역사의 눈으로 미술을 바라보는 각자의 시선이 다 다르다. 그림을 바라보는 데 하나의 답이 정해져 있지 않다. 다만 그림을 바라보는 사람들의 생각이 모여 한 사회를 견인하는 창조적인 힘이 되기에 감상 포인트에 따라 그림은 다르게 다가온다.

미술관에서 그림을 만나야 하는 이유를 《아이와 미술에 대해 이야기하는 법》(프랑수아즈 바르브 갈, 박소현 옮김, 동양북스, 2020)에서 잘 담아내고 있다. 몇 가지로 정리해놓았는데 무엇보다 "그림의 감상에 있어 잘 그리고 못 그리고를 평가하지 말고, 왜 그림이 매번 다르게 보이는지를 이해하기 위해 메시지에 집중하라"는 말이 가장 와 닿는다.

그림은 인류가 역사를 문자로 기록하기 이전인 선사시대부터 사실을 기억해두기 위해 사용했던 기록 방법이었다. 가장 원초

적이고 직관적이며 때론 은유적이지만 강력하다. 막연한 느낌만으로 그림을 바라본다면 오히려 와 닿지 않는 그림이 수두룩한 이유이기도 하나. 그림의 이면에서 하고 싶은 이야기가 무엇인지 이해될 때, 복합적인 의미가 더 쉽게 다가오고 때론 그동안 등장하지 않은 새로운 해석까지 풀어내게 된다. 그림과 나만의 대화가 이루어지기 때문이다.

작품을 대하는 것은 세상을 읽는 방법 하나를 얻는 일이다. 당시를 대표하는 화가들이 남긴 시대의 기록이자 의미 있고 가치 있는 흔적이기 때문이다. 그때 그 사람들의 시선과 생각을 따라가다 보면, 기술의 한계와 발달 속에서 시대의 문제를 마주한 개인의 마음을 읽을 수 있다. 또 지금의 우리와 비교해봄으로써 세월의 간극 속에 변해온 어제를, 달라질 미래를 유추해볼 수도 있다.

미술은 미술사의 사조 안에서만 움직이지 않는다. 화폭에 담긴 것은 우리의 이야기다. 그렇기에 누구나 접근 가능하고 공감할 수 있다. 양식이나 그림 요소 하나하나를 알면 전후 맥락을 이해하고 더욱 공감할 수 있겠지만, 그렇지 않더라도 내 마음의 울림만큼은 온전히 내 것으로 새길 수 있다

주도적인 관람이 주는 힘

공연을 볼 때는 시간이 정해져 있다. 영화를 볼 때도 상영 시간을 알고 들어간다. 그러나 미술관에서 얼마나 시간을 보낼지는 작품과 얘기하는 '나' 자신에게 달려 있다. 나 스스로 결정하고 경험값을 매겨야 한다.

미술관은 전시나 교육을 통해 대중과 만나는 접점을 선보이지만, 그 기저엔 수장품에 대한 연구와 보존이 존재한다. 우리가 때때로 만나는 작품들은 여러 수장품 중 하나로, 한 번에 모두 보고 나올 수 없는 엄청난 양이다. 그러므로 다 보고 나오겠다는 마음은 처음부터 잘못된 것이다. 하나만 보면 어떤가? 내 마음 닿는 끝까지 가보는 거다. 오늘은 3개라고 마음먹었으면 그걸 머리에 새겨 마음에 품고 오면 되는 거다. 1개면 어떤가?

그렇다면 뭐가 있을 줄 알고 관람을 계획할까? 박물관, 미술관에서 일찍이 자발적인 관람의 유용성을 실험한 바 있다. 아이들 게임기로 유명한 닌텐도(Nintendo)와 프랑스 루브르박물관이 협력하여 집과 전시 현장에서 사용할 수 있는 가이드 프로그램을 고안했다. 닌텐도 3DS 버전의 유료 프로그램으로 600장이 넘는 작품 설명과 30시간 이상의 오디오 해설 그리고 박물관 내부 사진도 400여 장이나 포함되어 있다. 디지털 화면에서 공간을 파악하고 전체적인 관람 계획을 세울 수 있다. 일부 예술작품은 3D 모델과 고해상도 이미지를 선보여 실감 넘치는 관람을 제공하기도 한다. 여기서 포인트는 '나만의 흔적 만들기(Create your own original trails)'라는 코너다. 한 번 관람할 때 최대 12개의 작품을 선택할 수 있다. 12개 작품의 상세 정보를 확인한 후, 최적화된 동선을 자동으로 생성시켜 자신의 속도대로 이동하며 자유롭게 관람하거나 60분짜리, 90분짜리로 설정할 수도 있다. 이런 경험은 도전 의식과 몰입감을 제공한다. 자신이 평소 익숙하게 사용했던 기기를 활용해, 설정한 목표와 루트를 따라 수시로 미션을 바꿔가며 탐험과 게임의 환경으로서 루브르박물관을 접하는 방식이 새롭고 흥미롭다.

한 번 보고 두 번 보다 보면 모르던 것을 알게 되고 안 보이던 것이 보이면서 '왜(why)'라는 질문을 갖게 되고, 자신만의 해석을 풀어내게 된다. 주도적인 관람을 통해 자신만의 주제를 생성하는 경험은 전시장 너머 삶의 자세를 가르치는 일이기도 하다.

미술관에서 크는 아이

"미술은 벽에 걸려 있는 사물이 아니라 그것을 보는 사람과 만날 때만 일어나는 사건"이라는 말은 《미술관 100% 활용법》(요한 이데마, 손희경 옮김, 아트북스, 2016)에 나오는 문장이다.

그림 앞에 서 있다고 해서 다 감상한다고 할 수는 없지만 내 아이가 어떤 작품 앞에서 시선을 빼앗겨 망부석이 되고, 어떤 작품을 외면하며 발걸음을 옮기는지 곰곰이 바라보게 된다. 사람들은 미술관에서 바라보는 작품을 이야기하고 있다고 생각하지만, 사실 자신이라는 필터를 거쳐 보고 싶은 대로, 보여지는 대로 자신의 이야기를 듣고 보는 중이다.

엄마 손을 잡고 문화 공간을 다녔던 어린 날을 추억하는 나는, 그 덕에 어른이 되어서도 시간 날 때 미술관에 들러 혼자만의 대화를 하고 나오는 일이 어색하지 않다. 언제든 엄마들의 손과 발이 아이를 미술관으로 이끌어줘야 한다고 생각한다. 우리집 아이들도 그렇게 크는 중이다.

미술관에서 안기고 업혀 다녔던 큰아이는 이제 두 발로 서서

제주도 빛의 벙커 '반 고흐 전'에서 아빠에게 안겨 관람 중인 둘째

제주도 아르떼 뮤지엄에서 '최후의 만찬'을 관람 중인 아빠와 아이들

자신이 원하는 방향에서 느끼고 싶은 시간만큼 세상의 명작을 만나는 일에 거리낌이 없다. 빛의 벙커 '반 고흐 전(展)'에서 안겨 다닌 둘째처럼 큰아이도 어렸을 땐 수도 없이 안아달라, 업어달라 요구가 많았다. 그 후 한참 뒤에 찾은 아르떼 뮤지엄에서 만난 '최후의 만찬'에서 둘째는 여전히 아빠에게 안겨 있다. 그런데 큰아이는 최후의 만찬에 초대받은 듯 자신만의 관람에 빠져 있다.

살다 보면 힘들고 지칠 때 위로받고 쉴 곳 하나 없어 어려움을 겪는 경우가 더러 있다. 내 마음을 나도 모를 때, 온전히 내 마음으로 바라보는 그림 한 점으로 작은 위안을 얻을 수 있지 않을까? 작품 하나하나가 건네는 메시지에 힘을 얻어서 또 오늘을 살아간다. 당장 눈에 보이는 효과가 없을지라도 누군가의 창작물이 내 감정과 맞닿는 새로운 경험, 그 하나는 엄마가 시작해줄 수 있다.

예술이 일상이
되도록 하라

왜 예능 교육을 시키는가?

많은 엄마들이 아이를 미술학원, 음악학원, 체육학원에 보낸다. 교양을 쌓으려, 취미를 가지려, 적성이나 전공을 찾고자…… 갖가지 이유로 사교육을 통해 아이의 감성 교육, 재능 교육을 시작한다. 나 역시 어린 시절부터 피아노와 그림을 시작했다. 결과적으로 어린 날의 예능 교육이 지금 내 삶을 만든 기초라고 여기기에 내 아이에게도 그 즐거움을 나눠주고 싶었다.

그러나 우리 집 큰아이는 어떤 예체능 학원도 다니지 않는다. 7세에 손잡고 가본 동네 야마하 음악원 테스트 반에서는 음악을 통해 기쁘고 즐거운 아이가 아니라는 것을 확인할 뿐이었다. 체육은 매일 관심 종목이 바뀌는 탓에 정말 원하는 게 생길 때까지 동네 놀이터에 맡겨둘 상황이다. 그렇다면 미술은? 보내지 않고 있다. "미대를 나온 엄마가 대학 교수인데 엄마가 가르치면 되지"라고 생각할 수도 있겠지만, 알다시피 자식 가르치기가 더 어렵다. 작정하고 가르치면 관계만 어그러지니, 분위기를 만들어주는 것으로 그 역할을 다할 뿐이다.

아이의 성향을 잘 파악해야 하는데, 우리 집 아이는 매우 섬세하고 여린데 자기 고집은 은근히 세다. 왜 해야 하는지 납득되지 않으면 정말 온몸으로 거부하는 성격이기에 뭔가를 하려면 엄마의 인내심부터 한 트럭 장착해야 한다. 호불호가 명확하다고 해야 하나? 그림 한 장을 그려도 스스로 흥미가 돋지 않으면 연필 한 자루 드는 시늉도 안 한다.

그런데 아이의 창작 활동을 관찰해보면, 순간의 집중력으로 얻은 인상을 빠른 속도로 크로키를 하듯이 기록한다. 가끔 "이게 또래 아이의 그림인가?" 싶은 것들도 있다. 때론 그 예민함이 섬세한 관찰력이 되어 세밀한 표현을 할 때면 "건드리지 않길 잘했구나" 싶을 때도 있다.

순간의 몰입을 통해 자신만의 표현을 만들어내고, 그걸 인정하는 사람들의 반응 속에 자신감을 쌓아가는 경험이 아이로 하여금 자신만의 그림을 그리는 동력이 되고 있다는 생각이 든다. 내가 생각한 모양새는 아니지만, 집에 있는 온갖 사물들을 놀이 소재로 삼아 자신만의 즐거운 몰입, 자발적 몰입의 시간을 갖고 있다.

내 아이의 미술 교육을 미술학원으로 해소할 수 없다고 생각한다. 학원의 문제가 아니라 내 아이의 성향이나 그림을 그리는 목적에 학원이 필요한가에 대해 아직 판단이 서지 않았기 때문이다. 그리고 스스로 만들면서 몰입하는 즐거움을 알아버린 아이에게 어디까지 할 수 있는지 한번 해보라고 놔두고 싶은 마음이다.

몰입의 즐거움을 알 수 있도록

아이가 예술을 접하게 해주고 싶은 이유 중 하나가 '몰입의 경험' 때문이다. 몰입의 참맛을 본 사람들은 자신이 뭔가 원하는 것이 생길 때마다 집중된 상태를 유지함으로써 원하는 성과를 얻어낸다. 그 맛이 참 달다. 그 경험이 분야를 막론하고 개인의 잠재력을 끌어올리는 힘으로 작용한다. 몰입할 수 있는 자신을 발견하고 그 기억으로 쌓아 올린 만족감은 어린아이들이 가져야 할 경험이자 키워야 할 자세이기도 하다.

예술은 그런 몰입을 유도하는 힘이 있다. 몰입하려면 관심이 있어야 하고, 어떤 형태로든 재미있어야 반복할 수 있다. 재미가 있으니 누가 시키지 않아도 하게 되고, 수없는 연습과 반복 속에서도 해내고자 노력한다.

특히 예술을 통해 몰입의 경험을 맛보길 권유하는 이유는 예술의 존재 이유가 순위의 문제가 아니라, 다름의 문제이기 때문이다. 그림을 그리는 이유가 화가가 되기 위해서, 악기를 다루는 이유가 연주자가 되기 위해서만이 아니다. 어린 날의 예능교육은 직업의 관점에서 기술을 익히는 것이 아니라, 자신을 표현하고 해소하기 위한 방법이기에 누구나 마음만 먹으면 다가갈 수 있다.

화폭에 담긴 내면의 나와 마주하고, 음악을 느끼는 내 마음을 확인하면서 풍부한 감정에 빠져보는 것, 그 느낌을 순위로 평가할 수 있을까? 예술은 다름을 편하게 받아들이고, 새로움을 발견할 수 있는 열린 마음을 가진 건강한 사람으로 살아갈 힘을 줄 수 있다.

예술이 넘치는 공간에서 산다는 것

세계적으로 예술이 꽃피는 도시를 한번 떠올려보자. 어떤 곳들이 떠오르는가? 뉴욕, 파리, 런던, 베를린 같은 곳에서는 자유롭고 낭만적이면서 풍요로운 감성을 인정하고 인정받을 수 있을 것 같지 않은가? 장소가 어디든 몸을 맡기고 싶은 음악이 나올 때 춤을 출 수 있는 유연함, 노래를 부르는 이에 대한 경청과 환호, 뜻하지 않게 만나는 길거리 명작의 감동이 온 도시를 채운다. 세계적인 미술관과 박물관, 공연장 등 다양한 문화 공간이 많아서 예술의 도시로 명성을 쌓았겠지만, 그 기저에는 그런 문화시설들을 향유하고 존재할 수 있도록 지지하는 사람들과 다양한 형태의 문화 집단이 만드는 크고 작은 움직임이 있기 때문이다.

예술적 잠재력을 가진 이들이 서로 교류하고 충돌하면서 새로운 영감을 매일 생산해내기에 끊임없이 자극을 주고받는다. 또 그런 예술가들의 자유로운 행보를 넓은 마음과 따뜻한 시선 그리고 격려가 힘이 되는 문화가 있기에 내일이 기대된다.

2020년 코로나19로 답답할 시기에 서울 삼성동 한복판에 시원한 파도가 몰아쳤다. 약 1,620㎡ 규모의 초대형 LED 사이니지를 활용해 입체적인 영상미를 선보인 미디어 작품인데, 실제보다 더한 현실감으로 많은 이들의 주목을 받으며 당시 큰 화제가 되었다. 이 작품은 단순히 파도를 촬영해 영상으로 송출한 것이 아니라, 디스트릭트(d'strict)와의 협력을 통해 기획된 디지털 미디어 콘텐츠였다.

화면이라는 한계를 뛰어넘어, 입체감을 구현하기 위해 아나몰픽 일루션(Anamolpic Illusion)이라는 기법을 써서 보는 사람들에게는 마치 사각형 투명 유리 속에서 진짜 파도가 넘실대는 것처럼 느껴졌다. 착시 현상을 일으킴으로써 서울이라는 도심에서는 상상할 수 없었던 파도가 내 머리 위로 떨어지는 듯 강렬

한 시각적 경험을 전달해주었다. 이처럼 빛나는 아이디어로 빚어낸 일상의 예술은 사람들을 상상의 세계로 기분 좋게 데려간다. 스크린을 통해 구현된 갖가지 콘텐츠 속 메시지가 사람들의 기억에 남아 일상의 기억을 풍요롭게 만들고, 새로운 영감으로 우리 삶 곳곳에 힘과 위로를 준다.

상상해보라. 아이들과 함께 손잡고 가면서 높은 빌딩들 사이 곧게 뻗은 도로를 속도와 시간의 관계로만 바라보다 길을 멈추고 함께 바라볼 작품 하나를 선물처럼 만났다고 말이다. 뜻밖에 빼앗긴 시선에 마음이 쏠리고 한숨 돌리며 살포시 웃음 지을지도 모른다. 어쩌면 아이는 더 보겠다며 떼를 쓸지도 모른다. 분명 아이의 기억에는 도심의 모습이 유리와 콘크리트, 철들의 향연으로 점철된 차가움이 아니라, 리듬과 움직임, 물과 자연이 숨 쉬는, 그 가운데 인류가 발전시킨 기술이 융합된 따뜻함으로 제법 신나는, 살 맛 나는 곳에서 산다고 느낄 것이다.

기록으로 일상의 영감을 담아내기

여행은 일상을 벗어나 의도에 따라 기획된 시간이다. 뭔가를 보려 하고, 먹으려 하고, 느끼려 노력하는 시간이기에 기록할 것도 기억하고 싶은 것도 많다. 곳곳에 시선이 닿고 마음에 담아야 한다는 의무감이 기저에 깔려 있기에 여행자만의 시선을 키우는 연습을 하기에 좋다.

보통 여행을 할 때 크기는 작지만 질 좋은 스케치북과 여러 가지 색상의 크레용을 가지고 다닌다. 초등학교 1학년 어린이날에는 '마이 퍼스트 카메라(my first camera)'라는 장난감 같은 아이 전용 디지털카메라 하나를 선물해주었으니, 도구가 하나 더 늘었다.

아이와 함께하는 여행은 항상 짐이 많음에도 도구들을 꼭 챙긴다. 첫 카메라를 선물받은 후 큰아이는 장비 욕심이 생긴 듯하다. 디지털로 찍어뒀다 나중에 출력해 붙이려면 기억도 안 나고 불편하니 바로 출력되는 폴라로이드로 바꿔달라고 해서 교

아이 전용 디지털카메라로 수족관 관람을 기록 하는 큰아이

폴라로이드로 장비를 바꿔 전시 관람의 순간을 기록하는 큰아이

체해주었다. 비록 인화지 값이 좀 들긴 하지만 자신만의 기록 방법을 익히고 실험해보는 중이다.

이렇듯 여러 장비들을 챙겨 떠나는 이유는 그림 연습을 시키고 사진 기술을 익히게 하기 위해서가 아니다. 자신의 시선이 어디를 바라보고 있었는지를 점검하고, 세상을 향한 관심, 그것을 관찰하는 섬세한 시선, 그것을 밖으로 드러내고 새겨보는 연습이 여행이라는 특수한 상황에서는 자연스럽기 때문이다.

대학에서도 학생들과 함께 답사를 다닌다.

같은 전공을 하는 비슷한 또래의 학생들을 데리고 한 곳으로 답사를 가면 각자의 관심이 다른 만큼 저마다 자기의 시선을 끌어당기는 대로 사방팔방 흩어진다. 답사 후에 찍은 사진들을 모아보면, 같은 사진도 있지만 다른 사진이 훨씬 많다. 아이를 데리고 다니다 보면 자꾸 어른의 시선을 아이에게 강요하게 되어 관람 자체의 흥미를 떨어트리는 경우가 허다하다. 나 역시 무의식적으로 뭔가 알려주겠다는 마음이 앞서는 엄마의 마음을 자제하기 위한 억제제로 스케치북과 카메라를 챙기는지도 모르겠다.

여행을 하다 저녁에 돌아와 낮에 무엇을 인상 깊게 봤는지, 집에 가져오고 싶었던 게 뭔지 등을 주제로 이야기를 트면, 아이는 머릿속 주머니를 펼쳐 생각지 않은 포인트에서 빵빵 터트릴지도 모른다. 이야기를 들어주는 것만으로 엄마가 아이의 시선을 인정한다는 신호가 된다.

이런 집중된 경험과 반복된 훈련이 일상으로 돌아가서도 아이만의 시선으로 일상을 대하고, 예술적인 표현을 하거나 영감을 받는 데 도움을 줄 수 있다. 그러니 그것밖에 못 봤냐고, 더 없냐고 다그치지 말자. 아이는 지금 그림 연습을 하는 것이 아니라, 색다른 공간에서 자신이 본 것을 자신의 언어로 기억하고 표현하는 연습을 하는 중이니까.

상상력이 숨은
창의적인 작업실

시키는 일 말고 할 게 없다면, 창의력이 없는 것

《틀 밖에서 놀게 하라》(김경희, 포르체, 2020)를 읽다 뇌리에 박힌
부분이 있었다. "창의력이 없다는 것은 '과업' 말고는 '내가 할
수 있는 것이 없다'는 말과 동일하다"는 문장이었다. 자신의 의
지대로 나아가기 위해서는 창의력이 필요한데, 그것이 없다면
누군가의 지시에 따라 움직이는 삶을 경계해야 한다는 것이다.
아이에게 창의력을 강조하는 이유는 창작하는 직업을 가지라
는 의미가 아니라 자신의 삶을 자신의 주도로 살아가기 위한
생각머리를 키우라는 의미다.

그런데 여기서 생각할 지점 하나가 있다. 창의는 본래 타고나
는 것인가, 교육을 통해 향상될 수 있는 것인가? 창의력이 후천

적 노력을 통해 발전할 수 있음은 이미 각종 연구와 이론에 의해 증명되었다. 그렇지 않다면 국내외 유수 기업들이 천재적인 사람들을 높은 임금을 주고 채용하면 될 일을 굳이 막대한 자금을 들여 공간에 변화를 주고 수많은 교육 프로그램을 개발하는 노력을 기울이겠는가? 기업들 역시 창의력을 지속적으로 향상하지 않으면 사업을 유지할 수도, 미래를 담보할 수도 없기에 직원들의 창의력 향상을 위해 끊임없는 노력을 기울인다.

심지어 아이들에게는 얼마나 큰 효과가 있을까? 아직 말랑말랑한 뇌를 가진 아이들에게 '창의', '창의력', '창의성'이란 말은 교육의 핵심인 동시에 전제 조건이다. "창의적이다, 아니다", "창의력이 있다, 없다" 등 창의와 관련된 관용적 표현도 일상에서 쉽게 들을 수 있다. 그런데 정작 '창의', '창의력'의 의미는 모호한 지점이 있으니 잠시 짚고 넘어가도록 하자.

유사 어휘인 '창조(創造)'는 '이 세상에 없는, 완전히 새로운 것을 만들어낸다'는 뜻이다. '천지창조'를 떠올리면 쉽다. 창조적인 사람은 천부적인 자질을 타고나 상당한 재능을 발휘하는 극소수이다. 엄마들이 목표로 하는 것이 아이의 '천재 되기'는 아니지 않을까? 일상에서 창의적인 것만으로 충분히 나은 삶을 살 수 있는 아이들에게 창조적이 돼라고 높은 기준을 세워 강요하고 있는 것은 아닌지 생각해볼 부분이다.

아이들을 창의적인 사람으로 키워보고 싶다면 '창의'의 뜻부터 다시 바라봐야 한다. 창의는 '새로운 생각, 의미를 만든다'는 뜻이다. 세상에 없는 완전히 새로운 무엇이 아니라 다름을 발견하는 것에서 시작하는 일이다. 어떤 대상이나 현상 속에서 새롭게 바라보고 해석함으로써 세상의 다양한 견해 사이의 비어 있는 간격을 촘촘히 이어주는 능력이 바로 창의력이다.

창의적 활동이 나오는 공간

아이들은 새로운 공간에서 얻는 자극 자체가 영감의 원천이 된다. 하지만 그것은 내 머리에 입력하는 자극이고, 이것들을 밖으로 표현하는 공간은 또 다르다. 창의적인 사람들을 이해하고자 그들의 작업이나 글, 각종 인터뷰와 자료들을 참고하다 보면 그들의 공간이 눈에 띈다. 특히 공간은 흩어져 있는 생각의 파편, 그리고 작업하는 과정과 결과를 모아두는 곳이기도 하다. 영감을 주는 오브제와 자료들을 모아두는 장소로서 언제든 꺼내 볼 수 있는 사진첩처럼 곳곳에 나 자신이 담겨 있다.

누군가의 공간은 단시간에 일궈지지 않는다. 곳곳에 배어 있는 흔적을 통해 한 사람을 온전히 바라볼 수 있다. 창의적인 활동을 하는 이들을 보면 평소 생활하는 공간들에 나름의 개성이 묻어 있다. 집안 전체일 수도, 일부분일 수도 있다. 혹은 별도의 연구실이나 작업실도 그렇다. 몸과 마음이 가장 편한 상태에서 자신의 창작 활동을 펼쳐내기에 의도하고 계획하지 않아도 자연스럽게 묻어난다.

때론 환경에서 영감을 받고자 다른 지역이나 국가로 이동하는 것도 서슴지 않는다. 삶의 터전을 옮기는 일이 어디 말처럼 쉬운가? 그럼에도 공간은 자동차를 움직이게 하는 기름처럼, 사람을 생각하게 하는 동력으로서 큰 힘을 갖는다. 김영하 작가가 쓴 《여행의 이유》에서도 자신이 글을 쓰기 위해 멀쩡한 집을 두고 작업에 몰입할 수 있는 공간을 찾아 떠나는 에피소드를 담고 있다. 창작의 분야가 무엇이든 공간이 주는 영향은 이처럼 크다.

집이든 밖이든 핵심은 "창의적 활동을 위해 자신에게 맞는 공간의 분위기와 조건을 알고 있는가?" 하는 점이다. 그걸 모르고 짐을 싸서 밖으로 나간들, 무슨 의미와 효과가 있을까? 하려는 일들이 무엇이고, 그걸 하기 위해 어떤 행위를 해야 하는지, 그것을 구현하기 위한 공간과 분위기, 조건들은 무엇이 있는지, 좀 더 구체적으로 내가 사는 공간을 살펴볼 필요가 있다.

피카소는 어떤 공간에서 위대한 예술가가 되었을까?

세상사 모든 일에 창의성은 중요하다. 어제와 다른 오늘, 오늘과 다른 내일을 만드는 근원이기 때문이다. 그중에서도 두드러지게 창의성이 언급되는 분야가 예술이다. 우리가 잘 아는 파블로 피카소 이야기부터 해보자.

한국에서도 수차례 대형 전시를 통해 대중들과 만난 바 있는 피카소는 왜 유명할까? 어떻게 해서 그는 미술사의 전체 맥락은 잘 몰라도 피카소라는 이름을 모르는 이는 없을 정도로 위대한 예술가가 되었을까?

피카소는 20세기 초 프랑스에서 발달한 큐비즘(Cubism)을 대표하는 작가로서 보는 시점과 방향에 따라 기하학적 형태로 대상을 분해하여 새롭게 해석해냈다. 당시 그림 하나에 하나의 시선만을 인정하며 원근법에 의존했던 서양 미술계는 큐비즘의 등장으로 새로운 관점 하나를 얻었다. 피카소의 큐비즘으로 인해 소실점에 맞춰 모든 크기와 위치를 조정하던 관습을 벗어나, 한 화면에 여러 방향의 시선을 담아, 사실적 표현 너머를 이야기할 수 있게 되었다.

파블로 피카소는 평생 5만 점 이상의 다작을 남겼다. 하루에 1개의 창작물을 100년 꼬박 만들어도 4만점이 안된다. 뿐만 아니라 화가인 동시에 조각가이자 도예가로서, 시인이자 극작가로서 작업의 영역을 자유로이 넘나들었던 종합예술가이다. 그 새로움을 발견하기 위한 조건으로 프랑스 칸에 있는 피카소의 널찍한 스튜디오를 주목한다. 엄청난 작업을 펼칠 수 있었던 근간에는 꾸준한 작업이 유지될 수 있는 안정적인 공간이 있었을 것이다.

90세를 넘게 산 피카소는 40세부터 칸에 거주하며 가장 활발한 창작을 선보인 것으로 알려져 있다. 그는 주로 효율이 높은 오후 시간부터 늦은 저녁까지 활동했다. 조각, 도자기, 그림들로 가득 찬 널찍한 스튜디오의 모습이다. 화가의 작업실이라고 해서 그림만 가득한 것이 아니다. 그의 방은 특별히 세련되지도 않고 정갈한 모습으로 단아한 풍모를 자랑하지도 않는다. 엄마들의 마음에 화를 지피는 너저분함이다. 그러나 그에게 이 사물들은 자유로운 영감의 원천이다.

우리가 만나는 피카소의 작품들이 바로 이곳에서 탄생했다. 창의는 갑자기 떠오른 순간의 아이디어가 아니다. 꾸준히 습득하고 반복하고 집중하는 과정에서 '발견된 새로움'이다. 때론 영감의 원천으로, 때론 실험의 장으로, 때론 교제의 공간이자 전시장으로 매일 새로운 발견을 할 수 있는 공간이다.

어지럽게 널려 있는 것에서 발견하는 새로움

"나의 사무실은 많은 물건으로 가득 차 있다. 책상에는 물건들이 가득 쌓여 있어 제대로 앉아본 적이 없다. 나는 전 세계를 여행하며 흥미롭고 재미있는 것을 수집한다. 이외에도 매일 전 세계에 있는 익명의 팬으로부터 많은 선물과 편지를 받고 있다. 사무실은 나의 사상을 반영하는 공간이다. 사무실에 가득 쌓여 있는 물건을 보면 아이디어가 생각나고 새로운 컬렉션이나 매장 디자인에 대한 영감이 떠오른다."

2019년 동대문디자인플라자(DDP)에서 전시되었던 패션 디자이너 폴 스미스(Paul Smith) 전시에서 재현한 그의 작업실을 설명한 글이다. 그에게 사무실은 업무를 처리하는 곳이 아니라 살아가는 힘을 얻는 곳이다.

그는 엄청난 수집광이기도 하다. 세상에 대한 호기심으로 자신을 단련이라도 하듯, 장르나 크기에 제한을 두지 않고 자유롭게 이미지를 취하고 변용함으로써 자신만의 이미지를 만드는 기초로 활용한다. 보으는 것에 그치지 않고, 모은 것들을 전시

| 동대문디자인플라자(DDP)에서 열린 '폴 스미스' 전시에서 재현된 그의 작업실 |

하여 자신의 공간에서 다시 바라보고 창작의 도구로 활용하는 일련의 순환 과정을 갖는다.

이들이 예술가이기 때문에 이렇다고 생각하는가? 예술가들이 자신의 창작욕을 불태우는 과정을 드들의 특이함으로만 한정해 바라보지 말고 이 시대 다른 목소리를 내려는 사람들의 습관과 자세, 또는 하나의 방법으로 이해해야 한다.

상상을 현실로 만드는 공간

작업실이란 뭘까? 생각을 구현하기 위해 실험하고 펼쳐내는 공간이다. 무형의 것을 어떤 형식으로라도 만들어내고 표현해내는 자유로운 공간이다. 사람을 몰입의 상태로 유도하고, 자신의 마음과 생각에 집중할 수 있도록 말이다.

우리는 학습이라는 말을 쉽게 한다. 학습이란 뭘까? 세상에 있는 기존의 것들을 열심히 내 머릿속에 가득 넣는 일인가? 정확히 학습의 과정이란 내가 익히고 수용한 것만이 아니라 '나'라는 사람의 생각과 개성을 더해 다시 빼내는 것까지 포함하는 일련의 과정을 전부 의미한다. 즉 인풋과 아웃풋을 모두 보아야 한다는 의미다. 남자아이들은 땀을 빼며 운동하는 것을 즐겁다고 한다. 심지어 안 시켜도 꾸준히 한다. 인풋과 아웃풋이 눈에 보이기 때문이다. 인풋을 할 당시 근육이 뻐근하고 넘어져서 아파도, 화려한 실력이 드러나는 아웃풋을 향해 기쁨을 느끼기 때문이다.

그렇다면 아이들이 하루 종일 매달려 있는 공부는 어떠한가? 아이들의 환경을 둘러보면 인풋에 효과적인 공간들은 많지만 아웃풋을 낼 수 있는 공간은 많지 않다. 심지어 학교나 동네 공공도서관을 가더라도 인풋을 위한 시스템과 자료만 있지, 자신이 소화한 것을 밖으로 표출할 수 있는 공간은 거의 없다. 심지어 조용히 하라고 하니, 뭘 할 수 있겠는가? 집에서도 마찬가지다. 학교나 학원에서 공부한 것들이 얼마나 머릿속에 잘 입력되었는지를 확인할 뿐, 진정 내가 머릿속에 넣은 인풋에서 어떤 아웃풋이 창출될 수 있는지, 내 몸으로 표현할 수 있는지는 생각할 틈이 없다.

우리는 인풋과 아웃풋에 대해 고민해야 한다. 상상할 수 있는 다양한 인풋을 넣어줌으로써 어떤 형태로 정리될지 모를 아웃풋을 창작할 아이들의 미래를 위해, 다양한 표현을 할 수 있는 공간을, 가능성을 함께 고민해야 한다.

책을 읽다가 그림이 그리고 싶으면 그릴 수 있어야 하고, 그림을 그리다 어울리는 음악이 떠오르면 듣고 연주할 수 있어야 한다. 그러다 마음 내키면 춤추는 무대로 변신할 수도 있어야 한다. 혼자만의 공간이 아니라, 때론 동생을 초대하고 엄마와 토론할 수 있는 무대여야 한다. 아이의 방은 공부만 하는 방이 아니라 아이를 키우는 상상실이어야 한다.

그런 면에서 아이들에게 몰입할 수 있고, 창작의 영역에서 마음껏 상상하고 표현하다 실패하더라도 건강한 마음가짐으로 다시 회복할 수 있는 마음 편한 공간을 허락해줘야 한다. 아이만의 방이 어떤 모습이어야 하는지 다시금 생각하고, 방의 의미를 다시 새겨볼 필요가 있지 않을까? 공부가 잘되도록 가지런히 정리한 방이 아니라 아이의 꿈과 치솟는 호기심, 때론 욕망이 해소될 수 있는 그들만의 공간 말이다.

2장

공간을 가지고 노는
아이로 키우는 비결

아이의 공간을
진단하고 점검하라

똑같은 공간을 경험하며 자라는 아이들

같은 학교, 같은 공원, 같은 학원, 같은 마트, 심지어 창의성을 키우는 방법과 내용조차 같은 학원에서 배운다. 우리 아이들의 공간, 과연 이대로 괜찮을까? 창의적인 환경이 창의적인 아이로 키운다는 데 이견을 보이는 사람은 없을 것이다. 생활 곳곳이 대단한 무엇이어야 한다는 말이 아니다. 아이들은 서로 다른 기질과 성향을 가진 존재들이기에 아이마다 느끼고 생각할 수 있는 환경이 열려 있어야 하고 다양해야 한다는 의미다.

큰아이가 유치원 때는 노란 버스를 타고 등교했다. 버스를 타면 앉자마자 내리기 바쁜 거리였지만 걷자 하니 좀 복잡한 길이었다. 그런데 아이는 가끔 걸어가자고 졸랐고, 5분이면 갈 수 있는 길을 20분 넘게 걸려 등원하곤 했다. 걸어가는 길에 특별한 건 없었다. 그저 매일 바뀌는 날씨에 안양천을 흐르는 물과 주변을 오가는 사람들, 심지어 떼 지어 날아가는 새들, 길가에 심어놓은 계절별 초목이 전부다. 어느 동네에서나 볼 수 있는 풍경이다.

어른들에게는 아무것도 아니지만 아이에게는 새로운 풍경이고 자극을 주는 환경이다. 아이는 자신의 걸음 속도대로 추우면 추운 날씨를 가지고, 더우면 더운 날씨를 가지고 조잘댄다. 꽃이 피고 지면 동네의 색깔도 바뀌고 세상 온도가 바뀌고 바람이 달라지는 그 하나하나가 모두 배움이다. 다리가 아프긴 하지만 오늘 느낀 것과 어제 느낀 것이 다르고, 오늘 보았던 것과 어제 보았던 것이 다르다. 바쁜 아침에 자주 해주진 못했지만 지금 생각해보면 좀 더 해줬어야 하는 일 중 하나였다.

초등학교는 집 앞에 있다. 아파트 공화국의 편의를 최대한 이용하는 셈이다. 집에서 내려다보면 아이의 등굣길, 심지어 교문을 넘어 건물 입구로 들어가는 아이의 모습까지 볼 수 있다. 아침 정해진 시간에 동네 아이들이 같은 길을 군단처럼 이동하는 모습을 보며 생각해본다.

우리 아이를 비롯해 대한민국 도시에 사는 아이들이 비슷한 주거 환경에서 비슷한 생활 패턴 속에, 비슷한 시간을 보내고 성장하는데, 창의적이고 남다른 아이가 될 수 있을까? 공간을 진단하고 점검할 거리조차 없을지 모른다는 생각이 드는 이유다.

"엄마, 수업은 재미있는데 가슴이 답답해요"

아이를 잘 키워보겠다고 나 역시 동네 유명 학원에 보낸 적이 있다. 막상 아이가 초등학생이 되고 유명하다는 선생님의 지도를 받을 기회를 놓칠 수 없어 아이의 흥미나 성향 따위는 생각하지도 않았다. 아이를 오피스텔 건물로 주 2회 데려다주는 일명 라이더 생활을 시작했다.

아이들이 대부분인 큰 건물에는 층마다 갖가지 종류의 학원과 교습소가 빼곡했고, 이 동네, 저 동네, 먼 동네에 사는 아이들까지 총출동했다. 이 건물만 그런 게 아니라 옆 건물도 그렇고 그 옆 건물도 그랬다.

여덟 살짜리 아이가 엘리베이터에서 바뀌는 빨간 숫자를 바라보며 불안한 시간을 쌓아가고 있었다는 것을 처음에는 몰랐다. 적어도 그 순간만큼은 더 나은 삶을 사는 데 도움이 될 거라는 최면에 스스로 갇혀 아이를 몰아붙였다. 창문 하나 없는 꽉 막힌 복도, 사람들로 꽉 차 숨 막히는 엘리베이터, 1층 입구마다 퍼지는 쾌쾌한 담배 냄새, 어떤 느낌이나 분위기도 없는 어두침침한 복도 조명들과 청결하지 않은 화장실들. 거기다 그 시간 동안 아이가 끝나기만을 기다리는 처연한 내 마음까지 총체적 난국이었다.

아니나 다를까, 얼마 후 아이는 "선생님은 재밌는데, 가기는 싫어요. 거기 답답해요"라는 말을 자주 내뱉었다. 이 길은 아닌가 보다 싶었다. 더 좋은 교육을 받길 바라는 마음에 유명한 선생님을 수소문해서 등록까지 했지만, 적어도 어린아이에게 학습의 기회보다 먼저 양질의 물과 공기를 주듯 좋은 환경에 노출될 기회를 주었어야 했다.

아이와 관련된 많은 문제에서 엄마의 선택이 많은 것을 좌우한다. 엄마들이 학습이냐 공간이냐를 두고 자신만의 가치관에 따라 선택해야 한다. 그러나 학습이 주는 효과도 무시할 수 없으니 아이들의 외부 공간을 확장할 수 없다면, 적어도 가정에서만이라도 공간의 확장을 경험하게 해줄 필요가 있다.

집을 점검하고 집에서 답을 찾는 법

아이들 눈을 카메라라 생각하고 집 구석구석을 촬영한다고 생각해보자. 무엇을 담을 수 있고, 무엇을 우리 집의 모습이라고 할 수 있을까? 또 그 모습에서 아이의 어떤 미래를 상상할 수 있을까? 초등학생 권장 수면 9~11시간을 빼고, 눈 떠 있는 나머지 시간 동안 아이들의 눈과 마음에 영향을 미칠 공간들을 한번 열거해보자. 찰칵찰칵. 어떤 공간과 어떤 장면이 찍힐까?

아이는 어른보다 눈높이가 낮으니, 마주하는 모든 것들이 상대적으로 커 보인다. 거실, 부엌, 화장실, 아이방, 안방은 벽들에 둘러싸여 있다. 그 벽들 앞에는 책장, 책상, 의자, 테이블, 침대, 옷장과 같은 가구, 텔레비전은 없지만 냉장고, 식기세척기, 공기청정기와 같은 가전제품들, 그리고 몇 가지 조명들이 있다.

우리 집은 5세 아이 기준으로 현관을 들어서면 거실에 거북이 집 하나, 자라집 하나, 사슴벌레집 하나가 놓여 있다. 졸졸졸 물소리도 난다. 거실 중간에 놓인 좌식 테이블 한 세트는 낮 시간 동안 놀았던 흔적을 쫙 펼쳐놓을 수 있을 만큼 아이에게 너른 공간이다. 가끔 베란다로 나가 동네 앞을 오가는 차들과 불빛도 본다. 주변에 사이렌 소리가 나면 무슨 일인지 내려다보기도 하고, 퇴근 시간에 막힌 차들이 발산하는 붉은빛들은 실시간으로 만들어내는 그림이다.

집마다 필요한 답은 다르다. 살고 싶은 삶에 따라 집의 모습이 다른 건 당연하다. 나는 아이를 키우면서 집을 비우고 채우기를 반복하는 중이다. 우리 집은 내가 채워 넣었던 가구와 집기들보다 아이들이 만들어내는 것들을 담아내는 박물관이어야 한다는 생각으로 뭔가 시도해볼 수 있는 공간이 좀 더 필요하다고 진단했다.

아이들에게 '집'을 재정의하고 공간을 이야기해주자

"사람은 공간을 만들고, 공간은 사람을 만든다." 윈스턴 처칠이 제2차세계대전 이후 국회 공간을 새롭게 조성하는 과정에서 했던 말이다. 처음 공간을 만든 것은 사람이지만, 사람은 결국 그 공간의 영향을 받으면서 살아간다는 뜻이다.

'집'은 그런 면에서 아이들에게 훌륭한 맞춤형 공간이다. 아이에게 집은 지금 당장 자신의 의지로 뭔가 큰 변화를 줄 수 있는 대상은 아니지만, 부모가 마련해놓은 터로서 가족 공동체의 생각과 생활 방식을 익히며 미래를 준비하는 인큐베이터 같은 곳이다. 인테리어 디자이너가 마법처럼 꾸며놓은 집이 아니라고 좌절힐 필요 없다. 가속의 생각이 담긴 집의 모습과 분위기인지를 더 고민해야 한다.

어느 날 엄마 아빠가 들여온 새 식탁이 있다고 하자. 이전보다 더 크고 넓은데 그것이 거실 중간에 떡하니 놓인다면 무엇이라고 설명하겠는가? "가정의 중심에서 무엇을 하든, 가족들과 함께하고 싶다"고 말할까? 아니면 이제는 "거실에서도 공부 좀 하렴. 그만 좀 놀고"라고 할까? "큰 식탁이 좋아 보이는 게 요새 유행인가 봐. 우리 집은 부엌이 좁으니 거실에 놓자꾸나"라고 할까? 그 속에 담긴 의미를 아이도 공유해야 한다.

아이는 부모를 통해 꼭 좋은 것만 배우지 않는다. 부모의 부족한 점을 통해서도 배우면서 생각의 크기를 키운다. "이렇게 하면 이런 결과를 가져올 수도 있구나" 하고 말이다. 집은 갖가지 실험실이어야 한다. 틀리면 큰일 나는 하나의 답이 아니라 이런저런 시도를 해볼 수 있는 실험실이어야 하고, 창피해하지 않고 이야기할 수 있는 창구여야 한다.

그동안 그렇게 살지 않았다 하더라도 앞으로 그런 곳이 되면 된다. 아이에게는 세상 풍파에도 가장 안전한 정신적 보금자리가 집이다. 또 가족의 역사가 켜켜이 쌓임으로써 나를 설명하는 스토리텔러이자, 나를 가장 잘 바라볼 수 있는 자화상 같은 곳이다. 집은 살고 싶은 방향과 살고 있는 상황을 나타내는 '척도'이기도 하다.

우선 우리 가족이 어떻게 살고 싶은지, 우리 아이가 어떤 아이이고 어떻게 살고 싶은지 이야기해보자. 끊임없이 시도하고 변화할 아이들과 함께 집이라는 공간에서 말이다.

아이가 있는 집?
아이가 자라는 집!

건강한 자극이 가득한 집

우리의 뇌는 익숙한 것을 잘 기억할까, 새로운 것을 잘 기억할까? 앞서도 이야기했지만 뇌는 익숙하지 않아야 잘 기억한다고 한다. 새로운 것을 만나야 뇌가 자극되고 변화가 있어야 뇌가 활발히 반응하기 때문이다. 아이들이 어릴 때 끊임없이 새 장난감을 찾고 처음 보는 사람을 매우 흥미롭게 살펴봤던 것도 그 때문인 것 같다. 카이스트의 뇌과학자 김대식 교수는 뇌와 관련한 또 다른 재미있는 이야기를 들려주었다. 우리 뇌는 무조건적이고 반복된 행위를 하면 자극이 줄어들어 오히려 기억에 별 도움이 안 된다는 내용이었다. 영어 단어를 외운다고 손이 아프도록 빽빽하게 쓰는 것은 효과적이지 않다는 사례는 우리 모두의 공감을 얻기에 충분하다. 양적으로는 많아 보여도 뇌는 이를 보상하지 않는다는 것이다.

나는 우리 뇌에 숨은 비밀을 듣고는, 이것이 우리 뇌뿐만 아니라 '공간'에도 적용 가능한 원리라고 생각했다. 공간은 변화를 직접적으로 기억하게 하는 중요한 배경이다. 우리가 사물을 다르다고 느끼고 기억하게 만드는 역할을 하는 것이다. 여행을 다니고, 새로운 맛집과 멋집들을 찾아다니는 본능은 결국, 새로운 장소에서 새로운 기억을 주입해 내 인생이 풍요롭다고 느끼게 하는 효과가 있기 때문이 아닐까? 익숙하지 않기에 다르다고 느끼는 것이다.

그렇다면 이러한 새로움은 꼭 밖에 나가야만 느낄 수 있는 걸까? 우리의 가정에서 이런 효과가 일어날 수 있다고 생각한다. 아니, 그렇게 되도록 고민해야 한다.

일상을 보내면서 매번 새로운 환경을 찾아 나설 수는 없다. 거기다 외부 환경은, 아이의 의지로 변화시킬 수 있는 부분이 거의 없다. 오로지 집이라는 공간만이 아이가 생각한 것들을 기억하고 표현하고 바꿀 수 있다. 그런 이유로 나는 크고 작은 변화가 가득한 '집'이 되어야 한다고 말하고 싶다.

공간은 행동으로 이어질 때 의미가 있다

첫아이는 초등학교 안에 있는 단설 유치원을 다녔다. 초기에 유치원 생활이 어떤지 궁금해서 물어보면, "오늘 아침에는 ○○ 영역에서 놀았고, 점심때는 친구랑 △△ 영역에서 XX를 하며 놀았어. 나는 □□ 영역이 제일 좋은데 친구가 싫다고 해서 거기선 못 놀아서 속상했어" 같은 이야기를 많이 했다. 처음에는 "내가 모르는 교실이 또 있나?"라고 생각하고는 아이들이 시간마다 다른 교실로 이동한다고 짐작했다. 그런데 얼마 후 학부모 재능 봉사로 유치원을 몇 번 방문하면서 그 비밀을 알게 되었다. 아이가 말한 다양한 영역들은 별도의 공간으로 나누어진 구분된 장소가 아니었다. 그저 아이들 서너 명이 둘러앉을 수 있는 책상 하나가 전부였다. 올망졸망한 아이들이 교실 벽면에 있는 교구를 책상으로 가지고 와서 노는 것뿐인데, 창의 활동을 하면 창의 영역이었고, 머리를 맞대고 탐구하면 탐구 영역, 실험하면 실험 영역이었다. 아이들은 공간 자체가 아니라 그곳에서 하는 '활동'에 의미를 부여하고 기억했던 것이다.

"내가 너의 이름을 불러주었을 때, 너는 비로소 꽃이 되었다"(김춘수의 〈꽃〉)는 시구처럼, 아이 역시 자신이 있는 공간에 이름을 붙여준 것이었다. 나는 이런 작은 시도를 당장 우리 집으로 옮겨와도 좋다고 생각했다. 아이방 책상을 그저 '책상'이 아니라 '취미 작업' 영역이라 해도 좋고, '재미난 실험실'이라고 불러도 좋다. 유치원처럼 창의 영역, 독서 영역이라 해도 좋다. 심지어 '미션 클리어 존', '엄마 잔소리 탈출실'이라고 부르면 왜 안 되겠는가? 아이와 함께 이름을 지어 불러주며 자신의 일과 시간에 의미를 만들어주자. 아이는 자신의 일상을 좀 더 풍요롭게 여길 수 있을 것이다.

아이의 행동을 관찰하는 것부터

아이들은 공간을 물리적으로 나누지 않고 '활동'으로 기억하고 활용한다고 한다. 아이가 집이라는 공간에서 자유로움과 동시에 잦은 변화를 느낄 수 있도록 관찰할 필요가 있다.

우선 아이가 심리적으로 편하게 여기는 공간이 어디이고 그 이유가 무엇인지 이해한 후, 숙제, 공부, 놀이, 창작 등의 행위를 주로 하는 공간을 분류해본다. 공간에 따라 아이가 혼자인지, 함께인지, 함께라면 누구와 주로 활동하는지 파악해본다. 또 아이가 집에서 주로 어떤 자세로 지내는지 관찰해본다.

이런 과정으로 집 안 구석구석 뜯어보면 아이가 집에서 주로 어떻게 생활하는지, 어떤 행태로 집을 쓰는지 보인다. 그리고 상당히 빠르게 자세를 바꾼다는 것을 알게 될 것이다. 아이가 오랜 시간 한 자세로 있는 것은 정말 특별한 경우다. 엄마의 마음에 찰 때까지 아이가 한 가지 활동을 진득하게 하기는 쉽지 않다. 아이들은 변덕스러운 존재다. 마음과 몸 모두 아직은 그럴 때다. 그러니 아이가 자신의 자유의지에 따라, 자신의 필요에 따라 방이든 거실이든 부엌이든 베란다든 자주 옮겨 다니면서 새로운 자극을 느끼며 하고픈 일들을 지속할 수 있도록 도와주자. 아이들은 의외로 집에서 매우 다양하게 '잘' 논다는 것을 알게 될 것이다.

집 안 곳곳에 다양한 '코너'를 만들자

우리 집에는 별다른 인테리어가 없다. 두 아이가 연필 잡을 힘이 생기면서 쏟아내는 일명 '작품'들로 벽면이 가득 차 있기에 따로 인테리어를 할 여지가 없다. 아이를 키워본 엄마들은 알 것이다. 아이들이 얼마나 많은 창작물들을 날마다 양산해내는지. 그래서 때로는 아이 몰래 공들인 아이 작품을 처리하기도 하지만, 나는 상당수를 우리 집 장식물로 활용한다. 집이 너저분해질 거라고 생각하기 쉽지만 꽤 괜찮은 우리만의 스타일이 된다. 큰아이가 어릴 때부터 우리 집 거실의 가장 넓은 벽면은 아이 버전의 '갤러리'였다. 그래서 아이는 자신이 오늘 그린 작품이 걸리는지를 궁금해했고, 시간이 지나자 스스로 갤러리에 넣을 것과 안 넣을 것을 구분하기도 했다. "이건 좀 안 되겠어. 이건 꼭 남겨줘." 그렇게 시작한 갤러리는 두서없이 테이프를 붙여

벽 한 면을 채우고 떼기를 반복했다. 벽지가 뜯어질까 하는 걱정은 무의미하다. 벽지가 뜯어지면 또 다른 그림으로 가리면 그만이다.

지금은 초등학생이 되었으니, 좀 더 격을 갖춰준다는 명목으로 작품을 액자에 넣어 전시하는 새로운 갤러리를 하나 더 오픈해주었다. 작품들 중 계속 남기고 싶은 것들은 새로운 갤러리로 옮겨준다. 일종의 베스트 작품이라고 할 수 있다. 대단한 품이 드는 일이 아닌데도 자신의 그림이 특별한 공간에서 액자라는 프레임에 담길 만한 무엇이 되고, 다른 이들이 바라본다는 사실에 아이들은 은근히 어깨가 올라간다. 거실에 가족이 모일 때 이야깃거리가 되어주고 때때로 집에 놀러 온 친구들에게서 "와~" 하는 감탄의 소리를 들을 수도 있다. 코너를 만드는 일은 사소하지만 코너가 지닌 힘은 크다. 내가 지금까지 아이를 키우면서 그래도 엄마로서 가장 잘한 것 중 하나를 꼽으라면 갤러리 코너를 만들어준 일이라고 생각한다. 달걀이 먼저인지 닭이 먼저인지는 모르겠지만, 아이가 그린 그림을 보는 재미는 엄마의 취미를 넘어 아이의 재능으로 이어진다.

자신의 관심을 표현하고 누군가와 그에 관해 이야기를 나누고 비평할 수 있는 힘을 키우는 것은 앞으로 살아갈 아이들에게 필요한 자산이자 능력이다. 부모의 따뜻한 시선 속에서 건강한 마음으로 재능을 키워가리라 믿으며 오늘도 신작 입점을 기대한다. 벽면 전체를 액자로 채운 거실의 갤러리 셀렉션, 방과 방 사이 작은 벽, 생일 때 주고받은 카드와 자신의 키 높이 스티커

| 아이 그림들을 붙여놓았던 거실 벽면 |

| 액자에 그림을 넣어 나름 갤러리라 불러주는 방과 방 사이 작은 코너 |

가 붙여진 기록의 벽면 한쪽 모두 코너가 될 수 있다. 심지어 국립중앙박물관에서 기념품으로 사온 손가락 한 마디 크기의 미륵사유반가상 주변은 유물 컬렉션 코너라 한다. 아이의 관심이 취미가 되고, 취미를 통해 아이가 장기로 삼을 만한 능력이 발전될 수 있다. 일종의 매개가 되는 것이다. 그 시작을 집에서부터 할 수 있다. '코너의 힘'을 믿는 나는 집 안 곳곳을 탐색해서 아이들의 타고난 재능을 끌어내고 발전시켜주는 코너들을 발굴해보기를 권한다.

일주일에 한두 번 만나는 누군가가 내 아이의 능력을 책임질 수는 없다. 집에서 매일 공기처럼 자연스럽게 자라나야 한다. 코너 하나를 마련하는 것으로 그 시작을 해보면 어떨까?

아이를 자라게 하는 집이 되기 위하여

집은 아이의 창작소이자 연구소이고, 단련실이자 놀이터이며, 기록소이자 박물관이다. 아이는 매 순간 발달과정을 겪는다. 먹는 것, 노는 것, 보는 것, 뭐 하나 자극이 되지 않는 게 없다. 아이에게 의미 있는 반응을 이끌어낼 수 있는 건강한 자극은 건강한 풍토에서 자란 식재료로 만들어 영양가 높은 음식처럼, 아이가 접하는 공간에 풍부하게 담겨 있어야 한다.

집은 그런 건강한 자극을 다양한 방면에서 제공해줄 수 있는 집합소다. 작은 사회적 공간인 '집'에서 다양한 도전과 실험을 하며 성공과 실패의 경험을 쌓는다. 넓은 세상에 나갈 준비를 한다는 차원에서 아이들에게 집은 세상 어느 곳보다 몸과 마음이 편한 곳이다. 심지어 부끄럽지도 않은 곳이기에 어떻게 있어도 괜찮은 심리적 안전지대의 역할도 한다. 그런 차원에서 '집'이라는 공간에서 아이와 함께 만들어갈 작은 변화를 시도해 보길 바란다.

우리 아이의 재능과 잠재력은 남들이 계발해주는 것이 아니다. 매일 아이를 바라보는 예리한 관찰자인 엄마의 판단으로 길러진다. 그러니 하나하나 다른 잠재력을 갖고 태어난 아이의 능력을 키우는 곳으로서 집은 더욱 실험적이어야 한다. 아이 스스로 집 안 곳곳을 활용해 다양한 시도를 하고, 그런 자신을 자신감 있게 표현하고 공유할 수 있는 곳, 일상에서 아이를 자라게 하는 곳으로서 말이다.

아이 둘을 키우는 엄마이다 보니, 우리 집 공간에도 아이의 성장에 따라 변화를 하나씩 주고 있다. 정답은 아니지만 우리 집 아이에 대한 해답을 써나가는 중이다. 아이의 달라진 반응과 태도가 분명 어제와는 다름을 확인하는 하루하루를 살고 있기에 이렇게 얘기할 수 있다. 아이가 자라는 과정에서 우리 집 공간 역시 바뀌고 있다. 집집마다 상황은 다르겠지만 한 번씩 생각해보고 따라 해봐도 좋다.

나와는 다른 새로운 답이 기대된다. 처음에는 아무것도 몰라 누군가의 방법과 모양새를 따라 할 때는 단순한 모방이라 여긴다. 하지만 모방의 목표는 따라 하는 그 자체에 있지 않다. 내 것을 찾기 위해 모방이라는 준비운동으로 시작할 뿐이다. 나는 엄마들이 자신만의 창조적인 방법으로 아이의 미래에 필요한 힘들을 채워주고 이끌어줄 수 있으리라 생각한다. 내 아이를 바라보며 시도한 작은 변화들이 각자의 공간에서 의미 있게 빛나는 그 순간의 기쁨을 맛보기를 바란다.

| 아이가 뜯어놓은 벽지에 그린 토끼 |

아이 스스로 공간을
계획하게 하라

내가 카페를 찾는 이유

서울대 교육학과 신종호 교수는 공간에 변화를 주는 것이 학습 효과를 높이는 데 도움이 된다고 이야기한 바 있다. 한곳에서 공부하다 좀 지루해지면 장소를 옮기면서 공부하는 것도 하나의 방법이라는 것이다. 환경을 바꿈으로써 자신이 하고 있는 일들을 효과적으로 지속할 수 있다고 하니 공부에만 적용되는 것은 아닐 듯하다.

어른인 나도 집중력이 필요할 때면 집을 떠나 제3의 장소를 자주 이용한다. '카공족'들이 모인 카페에서 공부하거나 일하면 잘된다는 기분 때문이다. 연구실처럼 고정 좌석을 맡아놓은 것도 아니면서, 이 자리에 앉았다가 저 자리에 앉았다가 그날 기분과 일의 성격에 따라 자리를 이동한다.

자주 찾는 카페에 늘 앉는 자리가 있긴 하지만 때에 따라 변화를 조금씩 준다. 자세를 가다듬고 일에 집중해야 할 때는 바(bar) 타입의 창가 좌석에 앉아 곧은 자세로 일에 몰입한다. 그저 책만 읽어도 되는 날엔 푹 꺼진 소파에 편안히 앉아 시간을 보낸다. 이것저것 볼 자료가 많거나 좀 넓은 공간이 필요한 날이면, 길게 뻗은 카페 특유의 테이블을 노리고 아침부터 달려가기를 마다하지 않는다.

하나의 공간이 내 상황에 따라 만족감을 주는 다양한 좌석을 갖추고 있다 보니, 결과적으로 그 공간에서 뭔가를 하면 잘된다는 생각과 기억 때문에 자주 찾는 것이다.

아이에게도 제3의 공간을

아이들은 어떨까? 아이들에게도 그런 환경이 주어지고 있을까? 아이들은 변덕스러운 존재다. 싫증도 잘 낸다. 몸과 마음 모두 아직은 그럴 때다. 비단 공부만이 아니다. 놀이도 쉽게 싫증 낸다. 학교 수업 시간도 아이들의 집중력을 고려한 것인데, 초등학생 때 40분으로 시작한 수업 시간이 대학생이 되어봐야 50분이 기본이다. 그나마 초집중 상태는 수업 시간의 절반도 안 된다. 공간 이동을 수시로 할 수 없으니, 시간을 통제해서 아이들의 주의력을 관리하는 셈이다.

그런데 아이들이 학교에서만 사는 것은 아니지 않은가? 특히 집에서 시간을 관리한다는 것은 참으로 어려운 일이다. 아마 매일이 전쟁일 것이다. 어른들이 생각하는 것만큼 집중하는 시간이 길지 않은 아이들에게 인내와 참을성을 기대하기보다 어쩌면 제3의 공간을 제공하는 것을 고민해봐야 하지 않을까? 부모의 관심 속에서 제1의 공간인 집과 제2의 공간인 학교나 학원을 오가는 생활이 대부분인데, 집중력은 더 짧고 변덕은 심하니 말이다.

어찌 되었든 아이들에게 가장 좋은 환경은 심리적으로 마음이 편한 곳이다. 그래서 집이라는 공간에서 아이가 자신의 의지에 따라, 자신의 필요에 따라 방이든 거실이든 부엌이든 베란다든 심지어 화장실이든 옮겨 다니면서 꾸준히 자신의 놀이와 일들을 해볼 수 있는 제3의 공간의 역할도 함께 담아야 하지 않을까?

우리 집만 그런가?

우리 집 거실이 좌식형이었던 적이 있다. 소파도 텔레비전도 없고, 책장이나 거실 수납장도 하나 없이, 덩그러니 테이블만 놓여 있었다. 처음부터 그랬던 건 아니다. 푹신한 소파와 대형 텔레비전은 남편과 아이들이 일찍 잠들면 나만이 누릴 수 있는 여유로움의 상징이었는데, 지금은 과거형이 되어버렸다.

이런 모습이 되기까지 '집'이라는 공간에 대한 많은 이슈가 있었다. 아이들이 크면서 자기 공간을 요구하게 되었고, 뭔가 공간이 답답하고 좁다고 느끼면서 이사해야 하는 건 아닌지 수시로 고민했다. 엄마인 나도 내 영역을 좀 갖고 싶었다.

그러다 큰아이가 학교에 입학하면서 실질적인 문제가 생겼다. 별 탈 없이 잘 어울려 놀던 아이들의 생활 패턴에 차이가 생기면서 틈만 나면 싸웠다. 큰아이가 학교에 입학하면서 '학습'이라는 개념이 생활에 조금씩 들어왔다. 남자인 자신과 여자인 동생의 성별 차이를 인식했고, 네 것과 내 것이 분명해졌다. 특히 학교에서 내주는 크고 작은 숙제로 인해 동생의 방해에서 벗어나 매일 책상 앞에 꾸준히 앉아 있어야 했다. 학원은 안 다니지만 매일 학습지도 하고 읽고 싶은 책도 혼자 보며, '혼자'라는 단어와 친해지고 싶어 한다.

큰아이에게는 온 가족이 어울려 할 수 있는 일, 동생은 빼고 엄마나 아빠와 해야 할 일, 어린 동생과 함께할 수 있는 일, 오롯이 혼자 해야 하는 일들이 나눠졌고, 그 일들이 아이 책상 하나에서 해결되지 않았다. 큰아이에게 허락된 공간은 자기 방 하나와 식탁 책상이었다. 식탁 테이블에서는 뭣 좀 할 만하면 밥 먹느라 중간에 치우기 바빴고, 아이 둘은 엄마나 아빠가 자기들 옆에 앉으라며 전쟁터로 만들기 일쑤였다. 우리 집만 그런가? 해결사로서 엄마가 중심을 잡지 않으면 매일 불같이 화내다 자폭할 판이었다.

우리 집의 작은 도전, 거실 비우기

그러다 퇴근한 엄마 아빠와 함께하는 짧은 몇 시간 동안 알차게 지낼 공간은 '거실'이고, 그 거실의 모습은 지금과는 달라야 한다는 생각이 들었다. 소파만 보면 눕고 싶고 자고 싶었다. 텔레비전에서 나오는 온갖 이야기에 신경이 쏠려 애들이 빨리 잠들었으면 싶었다. 우리 가족이 어떻게 살고 싶고, 그러려면 집에서 어떤 시간을 보내야 하는지, 또 그런 집에 맞는 거실이 어떤 모습이어야 하는지 생각할 여력도 없었다. 그러다 어느 순간부터 아이들이 빚어내는 작은 충돌들이 삶의 질을 떨어뜨린다고 느끼기도 했다.

우리는 일종의 실험을 해보기로 했다. 우리 가족이 거실에서 어떻게 지내는지 먼저 파악해보는 것이었다. 우선 거실 가구를 전부 없애버렸다. 쉽지 않은 결정이었지만 도전 없는 결실이 어디 있던가? 거실 전면장을 없애고 그 많던 책들과 짐들을 정리하고, 텔레비전과 소파도 없앴다.

그러자 활용할 면적이 넓어졌다. 아무것도 없으니 펜션 같았다. 그런데 우리 집은 어쩌다 한 번 오는 펜션이 아니다. 일상을 만족스럽게 지내기 위해 거실에서 수용해야 하는 활동이 무엇인지 생각하게 되었다. 거실에서 부모가 아이 둘과 함께 편안히 보낼 수 있어야 하고, 아이 둘은 함께 있으면서도 서로의 활동을 유지할 수 있어야 했다. 며칠 동안 아무것도 없는 좌식 생활을 해보니 아이들은 제법 좋아했다.

그러다 우리 가족 생활 패턴에 맞는 가구 하나를 간단하게 짰다. 둥근 원형 테이블 3개였다. 핑크핑크를 목 놓아 외치는 딸, 동생과 분리되길 바라는 아들, 너른 작업대가 필요한 엄마, 가족은 함께해야 한다는 아빠의 의견을 모두 담아 원형의 큰 테이블 하나와 작은 테이블 2개를 세트를 마련했다. 크고 작은 테이블은 서로 결합되거나 분리되기도 한다. 엄마는 중간에 앉아

| 각자의 요구가 덧대어 만들어진 우리 집 거실 테이블 |

양쪽에 분리된 아이들의 활동을 봐주고, 가족 모두 한 테이블에 앉아 책도 읽고, 숙제도 하고, 그림도 그리고, 먹기도 한다. 공간에 변화를 주는 것은 용기가 필요한 일이다. 결단을 내리고도 노력이 필요하다. 앞으로 새로운 문제가 생기고 변화를 고민해야 하는 때가 오겠지만 적어도 문제를 해결하기 위해 머리를 맞대었던 우리 가족만의 이야기 하나가 추가되었으니, 아직까지는 만족하는 중이다. 그럼에도 아직 미완성이다.

아이방을 수시로 바꾸고 공간을 함께 상의하라

앞서 아이의 행동을 관찰하는 것으로 아이가 느끼는 공간의 변화를 시도해보자고 했다. 그 이유는 아이가 성장하면서 필요한 환경도 바뀌기 때문이다. 옛날 옛적에는 창밖을 열어두면 오가는 새들, 계절마다 피고 지는 꽃과 나무들 때문에 공간의 변화가 자연스럽게 느껴졌다. 하지만 지금은 아파트 공화국답게 열고 닫는 창밖 풍경은 굳건하기 이를 데 없다. 낮과 밤의 변화만 있을 뿐 창 너머 풍경의 변화를 기대하기 어렵다.

아이방은 수시로 바꿔주어야 한다. 아이는 매일 조금씩 자라기 때문이다. 매번 이사를 가거나 가구를 새로 들이라는 의미가 아니다. 공간을 정리하고 배치를 달리하면서 다르다는 그 기억을 주라는 의미다. 다르다고 느끼게 해주자는 뜻이다.

이때 중요한 것은 아이가 그 배치의 주체가 되는 것이다. 적어도 자신의 의견 하나쯤 반영되는 경험으로 인해 스스로 책임감을 갖도록 유도할 명문이 되기 때문이다. 우리집에서는 6단 서랍장 하나와 관련된 이야기가 하나 있다. 초등학생이 되고 학용품을 비롯한 각종 물건이 늘면서 잘 분리해 보관할 필요가 생긴 것이다. 이후 이케아에 갔을 때, 아이는 작은 6단 서랍장 하나를 골랐고, 나는 알아서 잘 쓸 줄 알았다.

그런데 새로운 학용품부터 과자 봉지, 망가진 장난감까지 물건을 모아놓기 쉬운 서랍이 되어 있었다. 도저히 안 되겠다 싶어 모든 물건을 다 꺼내놓고, 아이 나름대로 구분하고 버릴 건 버리라고 했다. 아이는 엄마의 의도와는 다르지만 나름 이유를 가지고 분류해 지금까지 잘 정리된 상태를 유지하고 있다. 엄마의 분류 방식으로는 이해되지 않고, 기존에 해주었던 분류와

| 6단 서랍장 속 분류 |

는 차이가 있다. 지퍼 달린 것들을 한데 모은 칸, 서랍장 한 칸을 차지하리라고는 생각지도 못했던 포켓몬 카드, 그리고 스티커든 테이프든 붙일 수 있는 것들과 작은 카드들의 모음. 몇 달째 새로운 구분이 필요 없는 중이다.

여기서 핵심은 엄마가 아무리 좋은 기준으로 예쁘게 정리해놓아도 아이들이 같이 참여하고 기억해서 스스로 정리하고 유지하지 않으면 말짱 도루묵이라는 것이다. 이후 방 정리를 할 때, 내가 대신 해주는 비중이 훨씬 줄었다. 자신이 어디다 무엇을 넣어야 하는지를 알기 때문이다. 더불어 엄마의 잔소리도 조금 줄어들었다.

아이방은 아이에게

아이들의 공간은 변화를 주기 쉬워야 한다. 가장 공간을 공간답게 만드는 것 중 하나가 바로 가구다. 아이들은 물건을 담아두는 어떤 집기로만 가구를 보지 않는다. 그것은 어른들의 규정일 뿐, 아이들에게 가구는 그 자체가 놀잇감으로 계단이 되기도 하고, 용도와는 상관없이 새로운 기능을 더할 수도 있는 놀잇감이기도 하다.

아이를 낳고, 지금까지 수차례 가구를 바꿔왔다. 그 과정에 생긴 지론은 자고로 아이방 가구는 "만만해야 한다"는 것이다. 세웠다 눕혔다, 넣었다 뺐다, 때론 방에 두었다 거실에 내놓았다, 수시로 달라지는 필요에 맞춰 만만하게, 자유롭게 사용할 수 있어야 한다. 방에서 춤을 추고 싶다고 한다면, 너른 바닥을 확보해주는 것만큼 확실히 좋은 공간이 어디 있겠는가? 다양한 시도가 아이의 방에서, 아이의 꿈과 생각과 함께 펼쳐져야 한다. 혹여 아이가 더 이상 공간을 가지고 해보고 싶은 게 없다면 잠시 쉬어도 좋다. 그것 역시 아이의 선택이니까.

엄마가 처음 아이방을 만들어준다는 부푼 꿈을 안고 거액을 들여 마련한 풀세트 가구는, 미려한 인테리어 효과를 자랑하며 부모로서 내가 아이를 위해 뭔가를 해줬다는 뿌듯한 느낌을 준다. 그러나 이렇게 완고하게 풀세팅된 가구는 아이가 크면서 수시로 달라지는 요구에 대응하기 만만치 않다는 점도 고려해야 한다. 여자아이용으로 들인 핑크 가구는 한두 해만 지나도 그렇게 유치해 보일 수가 없다. 들인 돈과 노력에 비해 효과는 지속적이지 못한 데다, 아이라고 유치한 색의 가구를 마냥 좋아하는 것도 아니다. 어린이용 식탁이 아닌 일반 식탁에서 왜 굳이 더 편안함을 느끼겠는가?

나는 아이방에서 가구의 부피를 조금씩 줄이고 있다. 불필요한 짐을 우선 정리하는 것부터 공간 계획은 시작된다. 거실을 변화시키면서 확실히 깨달았다. 아이들이 자라면서 쳐다보지도 않는 것들을 부여잡고 공간과 시간을 내어줄 필요 없다.

개인적으로 여러 종류의 가구를 구입하고 빼내며 시행착오를 겪고 있는데, 내 취향과 아이의 취향, 내 생각과 아이가 가구를 대하는 태도가 다르기 때문이다. 그중 가장 저렴하게 구입했던 MDF 상자들을 지금도 잘 쓰고 있다. 아이가 어릴 때는 장난감을 분리해서 이리저리 넣다가, 개수를 조정해 책장으로도 쓰고, 한때 2층 침대가 있을 때는 밟고 올라가는 계단으로도 썼다. 그 위에 방석을 얹어 의자로 앉기도 했다.

가구 배치는 현실에서 펼쳐지는 3D 입체 테트리스다. 대단한 뭔가가 아니어도, 아이가 원하는 색깔의 벽을 칠해주고, 가끔씩 책상 위치도 바꿔주고, 수시로 정리하다 보면, 공간이 뭔가 달라 보인다. ㄱ 옆에 들고 나는 크고 작은 집기들로 인해 아이 방은 매일 크고 작은 트랜스포머로 변신하곤 한다. 대단히 예쁘고 멋들어진 가구로 가득한 공간이 아니어도 된다. 아이들용 가구가 아니라 아이가 가지고 계획해볼 수 있는 가구로도 충분하다.

공간을 계획하는 일은 교육의 일환

공간을 계획한다는 것은 단순히 가구를 이동하고 돈을 들여 장식하는 문제가 아니다. 앞으로 공간이 바뀌면서 일어날 일들을 예측하고 판단하면서, 그 효과가 처음과 같은지를 비교해보고 반성과 확신을 쌓는 교육의 과정이다.

학교에서도 그런 이유로, 학교 공간에 변화를 주는 사업에 아이들을 주체적으로 참여시켜 교육적 효과를 도모한다. 유치원부터 고등학생에 이르기까지 그 효과가 다르지 않다. 심지어 여러 아이들이 함께 만드는 공간도 그러한데, 자신의 방이나 집을 바꾸는 일에 아이가 참여하지 않으면 누가 한단 말인가?

물론 모든 아이들이 흥미를 갖고 엄마 같은 마음으로 달려들지는 않는다. 그러나 한두 번의 경험이 쌓이면 아이는 누구의 공간이 아닌, 바로 자신의 공간이기에 마음 쏨쏨이가 달라지고 바라보는 시선도 나름 섬세해진다. 여건에 따라 아이에게 줄 수 있는 환경은 다르겠지만 방이 커야만 할 수 있는 일이라고 생각하지 말자.

세상의 변화에 유연하게 대응할 수 있는 아이로 키우는 첫 단추를 공간에 변화를 주는 것으로 시작해도 좋지 않을까? 아이 스스로 공간에 담고 싶은 자기의 생각을 표현해보고, 실패도 하고 번복도 하면서 자꾸 연습해봐야 한다. 바깥 공간으로 나가서 세상에 필요한 적응력을 키우는 것도 의미 있지만, 자신의 공간에서 스스로 변화를 만들어보는 작은 도전들도 충분히 소중하다.

여행이 답사가
되게 하라

답사, 계획을 연습하는 시간

가족끼리 여행을 갈 때 흔히 '놀러 간다'고 표현한다. 그리고 주변인들에게도 "우리 가족여행 가요" 내지는 "연휴에 놀러 가기로 했어요"라고 말한다. 그런데 '답사'가 되게 하라니, 무슨 의미일까? 답사는 '직접 현장에 가서 보고 조사한다'는 뜻이다. 어떤 곳으로 가서 보고 조사한다고 하니 뭔가 전문적인 냄새가 난다. 아이에게 여행 그 자체의 호흡을 알려주는 것도 중요하지만, 때론 답사하는 마음으로 다녀볼 수 있음을 알려주는 것도 좋다.

공간을 다루는 우리 학과에는 답사 전문 동아리가 있다. 공간 그 자체, 현장 그 자체가 주는 힘을 알기에 대학생들도 공간의 경험치를 쌓기 위해 수시로 뜻이 맞는 이들이 함께 답사 활동을 한다. 평소 학교에서 배우고 익혔던 것들을 현장에서 확인해보아야 지식이 커지고 깊어지기 때문이다.

답사를 잘하려면 잘 먹고 다녀야 하는데, 답사를 많이 하고 좋은 코스를 잘 짜는 이들을 보면 공통적으로 최선의 '먹거리'를 잘 알고 있다. 식당을 선정하는 일은 단순히 돈만으로 해결되는 것이 아니다. 역시 답사의 중요한 일부 중 하나다. 한정된 금액과 시간 안에 전체 답사의 목표를 어그러트리지 않으면서 오히려 활력을 주는 중요한 부분으로 현지의 먹거리를 통해 지역의 문화를 이해하는 즐거움을 제공하기도 한다.

대학생들도 답사를 가기 전에는 날짜를 정하고 십시일반 자금을 모아 크고 작은 일정표를 짠다. 시간만 있다고 덜렁 몸만 가서는 뭐 하나 얻는 것이 없다. 일상을 벗어나 어딘가로 이동한다는 것은 나름의 투자다. 답사의 취지에 맞춰 목적지를 정하고 일정과 예산에 맞춰 알차게 잘 연결하는 것 역시 좋은 답사의 중요한 조건이다. 미리 작은 책자 하나를 만들어 현장에서 마주할 것들을 계획하고 상상하는 시간을 갖기도 한다. 관련 서적과 논문, 갖가지 맛집에 이르기까지 일정을 소화하기 위한 정보를 수집하고 정리하는 일련의 과정을 진행한다. 그 와중에 여러 사람들의 의견이 갈리면서 조정하는 과정도 경험한다. 답사를 가서도 좋지만 답사를 가기 전에 가졌던 흥미와 관심으로 오랜 시간 기억에 남길 수 있다.

이런 의미에서 나는 어린 자녀들에게도 길을 나서기 전 적극 참여할 수 있도록 스스로 계획을 짜보라고 권한다. 먹거리나 볼거리 등 어느 한 가지만 담당해도 좋다. 하고 싶은 게 있다는 것만으로 대견하지 않은가? 아이들은 무언가 주도적으로 계획을 세우면 실제 여행지의 공간과 장소들에 각별한 마음을 갖는다. 나는 그런 경험을 최근에 하나둘씩 축적하고 있다. 어른들이 기대하는 수준과 깊이가 아닐 뿐 아이는 나름 크고 있다.

아이가 직접 고른 '제주'

지난겨울 네 식구가 처음으로 제주도 여행을 갔다. 코로나19로 어딘가 여행을 가기도 쉽지 않은 터에 아이들은 몹시 설레는 마음으로 여행길에 올랐다. 큰아이는 떠나기 전 제주 여행과 관련한 책 한 권을 구입하는 것으로 본격적인 답사 준비에 돌입했다. 답사는 자료 수집부터 시작되니 말이다. 어린이용이 아니라 일반 성인용 여행 책을 아이가 직접 고르게 했다. 가지고 있는 책 중에 말밥이 가장 많은데도 전혀 불편해하지 않았다. 많은 양의 사진을 보면서 "여긴 가보고 싶고", "거긴 내 취향이 아니고", "여기는 꼭 갔으면 좋겠어!"를 연발했다. 심지어 만화를 즐겨 보던 녀석이 이 책은 학교까지 챙겨 다닌다.

큰아이는 학교를 들어가기 직전에 한글을 겨우 읽었다. 글도 보고 써야 하는 수준이니 책을 읽고 정보를 탐색해 얻는 기대감보다는 사진을 보며 상상하는 기대감이 더 크지 않았을까 싶기도 했다. 그렇기에 제주도로 떠나기 며칠 전부터 포스트잇 색깔 하나씩을 정하더니, "아빠 3개, 엄마 3개 정해! 동생은 어리니까 빼!" 등등 갖가지 주문을 해댔다. 그다음 날 또 넣고 빼고를 수시로 했다. 숙소는 어디냐, 수영은 할 수 있냐, 밥은 뭐 먹냐 등등 8세 아이가 할 수 있는 건 다 챙긴 듯했다.

롯데를 롯대라 쓰고!

나도 제주가 얼마나 크고 지역마다 다른지 전혀 모르는 상태였다. 아이에게 어설피 훈수를 둘 처지도 아니었고, 아이의 의견을 십분 반영해보자는 마음이 전부였기에 그저 가는 게 목표인 첫 제주행이었다. 물론 기대만큼 다 되지는 않았다.

엄마의 아쉬움과 달리 아이는 제주도를 다녀온 후 제법 제주가 각인된 듯했다. 어느 날 퇴근하고 와보니 제주도라는 그림 한 장이 그려져 있었다.

제주도가 어땠는지 물어보는 할머니에게, 자신이 글은 잘 못 쓰니 그림으로 그려 보여주겠다며 여행 동안 들고 다닌 제주 지도를 기억해서 첫날부터 마지막 날까지 다녀온 곳들을 설명했다고 한다. 공항에 도착해 남쪽에 자리한 숙소(롯데를 롯대라 쓰고)를 표기하고, 본태 미술관은 본으로, 제주우주항공박물관은 우주라 쓰면서, 나름의 위치와 지형을 표시했다.

정확한 위치를 논하자면 틀린 것 투성이지만, 자신의 기억을 하나의 지도 속에 누구의 도움도 받지 않고, 스스로 기억하고 기록하며 정리해냈다는 것이 중요하다. 아무 생각 없이 부모를 따라다니며 주는 밥이나 먹고 차나 타고 다닌 것만은 아니었다. 그런 마음이 기특해서 아이의 제주도 그림을 '섬 도(島)'가 아닌, '그림 도(圖)'를 써서 '제주도(濟州圖)'라고 불러주며 스크랩해두었다. 그리고 자주 이 그림을 꺼내 제주도란 섬 위에 이야기를 한겹 한겹 쌓아가는 중이다.

| 제주도를 회상하며 그린 아이의 제주도 |

8세, 제주 여행 가이드의 탄생

그렇게 제주를 기억하던 아이는 가을에 다시 가게 되었을 때 결정된 그 순간부터 이미 제주도에 가 있는 듯했다. 생활에서 일어나는 모든 관심과 이야기의 중심이 제주에 맞춰 있었다. 전복을 보면 "이런 건 제주에 가면 많지요?", 귤을 보면, "귤은 제주 농장에서 바로 따 먹는 게 제일 맛있는데?"라며 제주가 없었으면 어땠을까 싶게 하나하나 갖다 붙였다.

엄마가 가고 싶은 곳 하나를 알려주면, 자기가 가고 싶은 곳 하나를 양보할 수 있다고도 했다. 심지어 맞지도 않는 맞춤법으로 제주도 행정구역을 나누더니 어디에 뭐가 있고, 어디로 가면 뭐가 가깝다며 현지 가이드처럼 이야기했다. 따로 지도를

| 제주도를 기억하는 아이의 지도 |

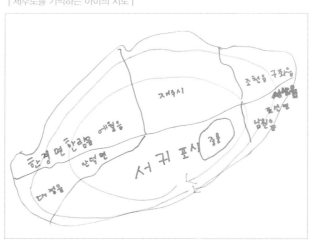

펼쳐 암기한 것도 아닌데 '성산읍'은 또 어디서 봤는지, 이번에 가고 싶은 곳이 그쪽에 많다며 두껍게 써놓기까지 했다. 실제 놀러 가서도 웬만한 위치는 감이 오는지, "거기가 거기 아냐? 여기가 맞아?" 등 제법 훈수를 두었다.

그렇게 답사를 가기 전 제주도 지도를 여러 장 그리던 아이는 첫날 밤 숙소에서 또 하나의 그림을 그렸다. 이번엔 좀 더 구체적으로 숙소부터 행선지를 연결하는 내용이었다. 숙소가 있는 공항 근처 제주시를 중심에 두고, 가고 싶은 몇 곳을 정해서 연결하다 보니 메두사의 머리 같은 그림이 그려졌다.

제주라는 섬은 중간에 가장 큰 한라산이 있고 주변에 크고 작은 산들이 많아, 이리저리 비켜가며 경로를 새겼다고 한다. 제

| 숙소를 중심으로 그려본 이동 동선 |

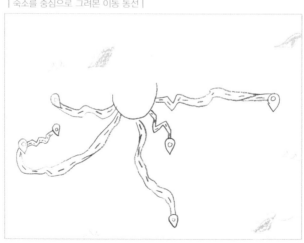

주는 섬이니, 주변에 파도도 좀 그려줘야 한다며 높은 파도와 잔잔한 물결도 그려 넣었다. 아이 생각에는 목적지의 갈래가 5개 방향 정도로 나뉘어져 있었다. 어떤 것을 엮고, 어떤 것을 분리할지 그림을 그리면서 생각했을 테니 방문했던 곳을 다 그린 그림을 보면 나름 계획적이고 고민을 했으리라는 생각이 든다. 그새 아이는 성장했고, 자신만의 제주를 알아가는 중이란 걸 가늠해볼 수 있다. 조금씩 진화하는 자신만의 제주를 하나씩 새기는 중이다.

제주도를 여행했지만, 내 마음은 답사였다. 학생들과 답사를 갈 때 준비하던 일들, 생각하는 것들을 아이 버전으로 옮겨놨을 뿐인데, 아이는 제법 자신의 제주를 잘 만들어갔다. 아이 입장에서 생각해보면, 부모와 가는 여행에 자신의 의견이 반영되지 않으면 엄마 아빠가 알아서 짜놓은 패키지 여행을 다니는 것과 다르지 않다. 핸드폰 영상보다 재미있을 리 만무하니, 크게 흥미롭거나 성취감이 없는 것도 당연하지 않겠는가?

자신의 계획과 의지가 덧대어진 시간, 답사라는 말처럼 아이에게 그런 계획을 꾸려갈 기회를, 현장에서 느껴볼 시간을 어릴 적부터 경험하게 해보자.

현장에서 자신감을 갖게 하라

아이는 부모와 함께 사는 동안 집 안에서, 때론 집 밖에서 인생의 습관을 들이는 연습을 하게 된다. 답사는 부모와 함께 바깥 세상을 마주하는 중요한 현장으로, 진짜 세상을 만나 새로움을 발견하고 앞으로 나아가기 위한 힌트를 얻기도 한다. 엄마도 고정된 일상에서는 이해하기 힘든 내 아이를 알아가는 소중한 기회라고 생각하면 답사를 바라보는 시각이 조금 달라질 수 있다. 이번 제주도 답사에서 평소 섬세하고 세심한 대신 겁이 많던 큰아이가 느닷없이 말을 타보겠다고 했다. 제주 이곳저곳에서 우연히 만나는 말들을 신기해하고 좋아했지만, 타볼 생각은 하지 않았던 터라 바로 실행에 옮겨주었다. 역시나 수차례 가네 마네를 거듭하며 승마장에 도착했다. 말을 앞에 두고도 안 타겠다고 발뺌하는 아이 때문에 어찌할 바를 모르고 있었는데, 승마 선생님은 이런 일이 흔했는지 능숙하게 아이를 설득해 얼떨결에 말에 올라타 어느새 저만치 앞서가고 있었다.

승마장에는 승마 전문가가 있다. 아이와 함께 말을 이끌며 말이란 동물에 대해 알려주고, 어떻게 해야 말과 편하게 움직일 수 있는지 전문가에게 들으며 말을 탄다는 기분을 제대로 느끼는 듯했다.

"말을 타고 이랴~! 하고 달리는 건 영화에서나 나오는 거고, 살짝 배에 자극을 줘야 해", "말이 움직이지 않을 때는 네가 불편해하는 걸 느껴서야." 선생님은 친근한 설명으로 아이의 긴장을 풀어주었다. 진주라는 이름의 하얀 말을 타고 가면서 처음 엉거주춤 불편해하던 아이의 자세는 조금씩 펴졌고, 웅크렸던 마음도 펴지는 듯했다.

아이는 그렇게 고민하고 겁내던 무언가를 성공했다는 기쁨으로 이번에는 가장 짧고 기초적인 코스를 해봤으니, 다음에는 좀 더 오래 타는 코스에 도전해보겠다며 너스레를 떨었다. 돌아오는 길에 자신이 한 일이, 자신의 용기가 스스로 대견했는지 "이거 안 해봤으면 엄청 후회할 뻔했어요", "다음엔 그 옆에 검고 큰 말 한번 타봐야겠어요"라고 했다. 자신이 미리 계획했던 건 아니지만, 기억에 남는 일이 되었다며 "제주에 왔으면 승마는 한번 해봐야지요, 그죠?"라며 아직 어려서 말을 타지 못했던 동생을 앞에 두고 자랑이 가득했다.

아이는 자신감이라는 옷을 두껍게 걸친 듯했다. 말을 탈지 말지 고민하던 상황에서 용기를 갖고 선택한 결정을 통해 제주 답사 중에 가장 기억에 남는 순간을 만들었다. 이제 말을 탄다는 것이 무엇인지 알게 되자, 다음번 말 타는 계획을 벌써부터 세우고 있다. 엄마의 입에서 "또 타볼래?"라는 말이 아니라 아이의 입에서 "다음번에는 계곡 코스 꼭 해볼 거예요!"라는 말이 나오니 이만하면 큰 성공이다.

답사 속에서 새롭게 바라보는 아이

답사를 가기 전에도 자료를 수집하지만 다녀온 기억을 정리하는 일 역시 중요한 과정이다. 기억을 편집하는 과정에서 흩뿌려진 정보를 자신의 것으로 만드는 효과가 있기 때문이다.

처음에는 모든 것을 다 기억할 수 있을 것 같지만, 시간이 지나면 잊어버리는 양이 더 많다. 현장이 주는 생동감을 자신만의 것으로 소화할 수 있어야 한다. 답사 정리는 그런 힘을 가지고 있다. 그런 이유로 답사를 다녀오면 꼭 사진이라도 정리해보고, 일기라도 하나 쓰면서 경험의 순간을 남기는 습관을 들이는 것이 좋다.

답사의 매력은 여러 가지 있겠지만, 그중 하나가 아이의 특성을 발견할 수 있다는 것이다. 아이가 어디에 어떻게 반응하고, 무엇에 움직였는지 여과 없이 드러난다. 무반응에 무감각했던 일상에서 벗어나 새로운 환경에서 발견하고 습득하는 것들에 몸과 마음이 즉각적으로 움직이는 것을 보면서, 아이의 새로운 면모를 이해하고 관심 지점을 발견할 수 있다. 부모에게는 큰 팁이다.

나는 가본 곳을 또 가는 것도 좋다고 생각한다. 세상에 얼마나 많은 곳이 있는데 간 데 또 가냐고 하겠지만, 같은 곳도 여러 번 가보면 안 보이던 것도 보이고, 안 들리던 것도 들리고, 느껴지지 않던 것도 느껴진다. 일상에서 마주하던 책이나 그림을 답사 현장에서 직접 만나면 지식을 넘어 감정에 이르기도 한다. 나만의 시야가 탁 트이는 것이다.

이런 얕고 깊은 경험의 순간, 심화의 과정이 쌓이고 쌓이면 아이는 주관대로 세상을 바라보고 표현할 수 있는 사람으로 조금씩 성장하게 될 것이다. 오늘부터라도 아이가 주도하는 크고 작은 답사를 하나씩 계획해보자.

편견 없는 색의 세계로
빠져들게 하라

밀라노에서 만난 거침없고 자유로운 화가들

학생 때 배낭여행을 하다 밀라노의 한인 민박집에 머무른 적이 있다. 낯선 곳에서 만난 젊은 안주인은 이민 온 이야기를 꺼내며, 막내딸을 유치원에서 데려올 시간이니 같이 다녀오겠냐고 물었다. 관광객이 현지 유치원을 방문하는 경험을 하기도 쉽지 않겠다 싶어 흔쾌히 따라나섰다.

햇살 가득한 오후 교실에서 그림을 그리는 아이들을 보며 기분 좋은 충격을 받았다. 어린 시절 그림을 그리는 내 모습을 돌이켜보건대, 그 시작은 노란색이나 살색을 집어 밑그림을 그리는 것이었다. 그렇게 하는 거라고 배웠으니 그랬을 것이다. 밑그림을 완전하게 그려야 하고, 도화지 밖을 벗어나면 안 된다는 무의식적 규정에 맞춰 그 안에서 꼼꼼하게 색을 메워갔다. 얼마나 성실하고 꼼꼼하게 면을 채웠는지가 관건이기도 했다.

그런데 밀라노의 유치원생들은 그런 규칙 따위는 세상에 없는 듯 자유롭게 그림을 그리고 있었다. 지금은 방식이 많이 다양해졌지만, 옅은 색연필이나 크레파스로 밑그림을 시작하다 학년이 올라가면 연필로 그린 다음 채색을 하는 우리와 달리, 화려하고 선명한 갖가지 색상의 펜을 들고 거침없이 그림을 그리고 있었다.

참으로 신선했다. 아이마다 형태도 다양하고, 색도 다양하고, 표현하는 붓질도 다양했다. 그냥 그대로 개성이 묻어 있어 참 좋았다. 그런 과감함은 용기가 있어야 하고, 때론 자유롭게 만든다. 그래서일까? 그 모습을 잊지 못한다. 지금도 디자인 강국이자 화려한 색채를 과감하게 쓰는 것으로 유명한 이탈리아이기에 어린아이들이 색을 만나는 방식부터 다른 듯했다. 그리고 그런 자신감은 "오랜 시간 유럽의 질서를 형성한 뿌리 깊은 예술과 문화의 힘을 만드는 기초가 되지 않았을까?"라는 생각까지 하게 된다.

분홍과 파랑의 선택, 선천적인가, 후천적인가?

"선생님, 분홍색 살까요, 파란색 살까요?", "그냥 노란색 사세요.” 산부인과에서 첫아이를 임신한 내 친구와 의사 선생님이 나눈 대화다. 아직 세상 빛을 보지 못한 아이가 아들인지 딸인지 너무너무 궁금해진다. 하루라도 빨리 알고 싶은 마음에 임신 32주를 넘겨야 성별을 알 수 있다는 법과 상관없이 나름 머리를 굴려 알아내려는 것이다. 물론 먹히진 않았지만 나도 머리를 굴렸던 기억이 있다.

그렇게 색과 아이의 성별이 연결된다는 걸 확실하게 체감하고 난 뒤 윤정미 작가의 〈핑크 & 블루 프로젝트〉라는 사진 작품을 마주하게 되었다. 아이를 둘러싼 색 환경에 문제가 있다는 의식에서 비롯된 프로젝트였다. 작가는 딸아이를 키우다 아이방에 분홍색이 많다는 것을 느끼고 사진으로 담았다. 그런데 주변 아이들, 심지어 유학을 가서 만난 미국의 여자아이들도 다르지 않다는 것을 보고 작품으로 발표하며 많은 공감을 얻었다.

그렇다면 아이들은 원래 이런 걸까? 여자아이는 분홍 DNA를, 남자아이는 파란 DNA를 갖고 태어난 것일까? 미국 버지니아어대학교의 주디 델로아체(Judy DeLoache) 교수가 발표한 연구 결과에 따르면 분홍 장난감과 파랑 장난감을 두고 아이들이 선호하는 장난감을 선택하는 실험에서 만 2세까지는 남자 아이들와 여자 아이들이 선호하는 색의 차이가 드러나지 않았다. 그러나 이후부터는 분홍은 여자, 파랑은 남자라는 관념이 아이들에게 반영되어 있음을 실험을 통해 확인할 수 있었다.

심지어 더 어린 생후 5개월까지 아이들의 시력은 매우 낮기 때문에 푸른색 계열을 인지하지 못하고 빨간색, 노란색 정도만 보인다고 한다. 즉, 채도가 높은 선명한 색이어야 볼 수 있기 때문에 채도가 낮은 파스텔 톤도 어른들의 취향일 뿐 아이가 좋아하는 색이라고 단정할 수는 없다.

어른들의 고정된 인식으로 인해 아이들이 온갖 천연색으로 세상을 마주할 기회를 박탈해선 안 된다. '여자 마네킹엔 분홍색', '남자 마네킹엔 파랑색!' 하는 식으로 알게 모르게 색을 통해 고착된, 혹은 제한된 세계에 아이들을 가둔다는 생각을 한 번쯤 해볼 일이다.

학교가 좀 더 다채로운 색을 입도록

큰아이가 초등학교를 입학하면서 수십 년 만에 다시 초등학교 안으로 들어가 보게 되었다. 한 반에 50~60명씩 꽉꽉 차던 이전과 달리 한 반에 20명 정도라는 꿈같은 현실을 마주했다. 그런데 책상들이 듬성듬성 띄어진 것만 다를 뿐 교실의 구조나 수업하는 방식, 심지어 공간을 둘러싼 색채마저 크게 다르지 않았다. 물론 크고 작은 변화들이야 끊임없이 있었겠지만, 세상의 변화 속도를 학교는 신경 쓰지 않는 듯 느껴졌다. 내가 기억하는 학교와 크게 다르지 않았던 것이다. 시대가 이렇게 달라졌는데 "내 아이는 여전히 그때 그 시절에 머무르고 있구나" 라는 생각을 하니, 오히려 아이의 환경은 도태된 것이 아닌가 싶었다.

이렇게 학교에 대해 아쉬운 마음을 가지는 이유는, 아이의 발달에 색이 중요한 역할을 하기 때문이다. 사람은 모양보다 색을 더 오래 기억한다고 알려져 있다. 심지어 기억과 연결되는 색은 학습 능률을 55~78% 향상할 수 있다고도 한다. 학교라는 공간은 아이들이 눈 뜨고 생활하는 가장 혁신적인일 수 있는 시간에 머무는 곳이기에 색을 활용한 변화에 민감해야 한다.

20세기 초 발도르프 교육 이론을 구상했던 오스트리아의 철학자 루돌프 스타이너는 독일 슈투트가르트 담배공장 근로자의 자녀들을 위해 교육 공간과 관련된 실험을 진행한 바 있다. 우선 교실마다 아이의 성격과 활동 목적에 맞게 색을 배치해본 것이다.

집중력과 창의력을 향상하고자, 긴장을 완화하고자, 또는 아이의 기질에 따라 교실을 나누고 각기 적절한 효과가 예상되는 색들을 적용했다. 그 결과는 매우 놀라웠다고 평가되었지만, 안타깝게도 이러한 노력은 현실에 반영되지 못하고 한 세기가 넘게 그 실험의 의의와 다양한 색의 필요성만 언급되고 있다.

한국의 학교에서 가장 많이 보이는 색 중 하나가 흰색, 회색, 나뭇결 무늬가 있는 갈색, 연한 초록색일 것이다. 몇 년에 걸쳐

진행된 연구 결과에 따르면, 흰색과 검은색, 갈색이 학생의 성적을 낮춘다는 사실이 확인되었다. 녹황색이나 오렌지색, 하늘색이 학습에 유익한 것으로 나타났는데, 이는 아이들이 좋아하는 색과 좋아하지 않는 색을 구분한 결과와 동일하다. 아이러니하지 않은가?

아이들은 어릴수록 밝고 경쾌한 색을 선호하지만, 청소년이 되면서 좀 더 짙고 부드러운 색을 좋아한다. 색들은 각각의 특성에 따라 이런 활동을 도와주기도 하고 방해할 수도 있다. 그런데 색채의 힘을 아이들이 자라는 환경에서는 적용하기 어렵다는 것이 안타까운 현실이다.

색은 빛이다

색을 강조하는 이유는 단순히 색감을 익히고 화려한 공간을 아이들에게 만들어주기 위해서가 아니다. 양질의 색을 뿜어내는 환경은 건강한 몸과 정신을 가지고 살아가기 위한 삶의 질과 연결되기 때문이다.

영화 〈기생충〉을 통해 한국의 반지하라는 공간과 그곳에서 바라보는 바깥 세계의 대비가 회자된 바 있다. 반지하에서 살고 싶은 사람이 몇이나 있겠는가? 상상해보라. 지하실은 단지 빛이 들어오지 않아 어두운 것만이 아니다. 빛이 적기 때문에 내가 바라볼 수 있는 색도 적다. 사람을 둘러싼 환경의 색이 풍부하지 않은 것이다. 색들의 고유성이 사라지고 어둠으로 가득 찬 환경이다.

예전에 한 고등학교에서 학교 선생님들을 대상으로 공간 디자인과 관련하여 특강을 한 적이 있다. 학교가 산 밑 높은 지대에 있어 시야가 확 트이고, 운동장에는 푸른 잔디가 깔려 있어 정서적으로 꽤 좋은 환경이었다. 그런데 학교 내부는 낮에도 허연 조명들이 가득 켜져 있었다. 창이 많은데도 말이다. 교실은 따뜻하고 편안한 햇빛이 쏟아져 들어와야 하는데, 대부분의 창은 블라인드로 가려져 어두운 교실을 만들었고, 다시 공간을 밝히기 위해 인공 종명을 사용하고 있었다. 수업 시간에 아이들이 바깥 풍경을 보느라 집중하지 못하는 것을 방지하기 위해, 블라인드에 세상 좋은 명언과 격언들로 채워 빛을 차단하고 대낮에도 불을 켰던 것이다. 집중은커녕 한 잠 자기에 더 적합한 환경이 되어버렸다.

아이들이 어떻게 수업 시간에 쉼 없이 앞만 바라볼 수 있겠는가? 안타깝게도 우리 선생님들은 BTS가 아니다. 잠시 짧은 멍때림 속에 건강한 태양광으로 환기하면, 설령 공부는 좀 덜 하더라도 아이의 심신에 필요한 빛은 받을 수 있다. "블라인드를 좀 걷어내세요"라며 잔소리를 하고 온 기억이 있다.

빛과 색은 한 덩어리다. 사람들이 만나는 수많은 색을 원래 색으로 받아들이려면 빛이 충분히 들어와야 한다. 아이들은 바른 색과 바른 빛 환경에서 건강하게 자랄 권리가 있다.

아무리 인공조명을 쓴다 하더라도 세상의 가장 좋은 자연광보다 좋을 수는 없다. 그 빛은 단순히 조명 역할만 하는 것이 아니라, 사람에게는 건강한 영양제이자 세상의 색을 본래의 색으로 느끼게 함으로써 풍요로운 환경을 제공하는 토대이다.

오죽하면 앞선 기술력을 바탕으로 가전의 혁신으로 꼽히는 다이슨에서 개발한 조명이 '자연광 따라잡기'를 추구하겠는가? 제품이 놓이는 곳의 자연광을 인공지능으로 추적해 인간의 바이오리듬을 최대한 자연과 맞닿게 보조하는 것을 목표로 한다. 자연의 이치를 거슬러 지속적으로 좋은 결과를 얻기는 어렵다는 섭리를 최신 기술에서 마주한다.

내 아이는 무슨 색을 좋아할까?

"페이스북!" 하면 파란색을 떠올린다. 대단한 브랜딩 전략에 따라 파란색을 썼을 거라고 생각할 수 있지만, 사실은 의외의 이유가 있다. 페이스북을 창업한 마크 저커버그(Mark Zuckerberg)가 색맹이기 때문에 제대로 볼 수 있는 색이 파란색뿐이라는 것이다. 자신이 분별할 수 있는 색을 대표 색으로 선정했을 뿐이다.

그렇다면 어떤 색이 좋은 색일까? 결과적으로는 아이가 좋아하는 색이 그 아이에게 좋은 색이다. 가장 좋아하는 색으로 둘러싸인 공간에서 행복감과 자신감을 느끼고 나아가 성취감까지 쌓아갈 수 있다. 나는 아이들마다 선호하는 색과 톤을 만나야 하나의 분위기, 그 사람만의 색깔을 만들어낼 수 있다고 생각한다.

최근 아이방을 정리하면서 적당한 색을 곁들이는 일이 아이의 생활에 큰 활력이 된다는 걸 느낀다. 얼마 전부터 자기 취향이 생긴 큰아이가 지금 방의 파란색이 마음에 들지 않으니 자기가 좋아하는 파랑으로 다시 칠해달라고 요구하고 있다.

시간 날 때 실행해볼 생각이다. 이번에는 기존 벽지 위에 아이가 원하는 색으로 칠해줄 생각이다. 꼭 사면을 다 칠할 필요도 없고, 사면이 다 같을 필요도 없다. 깨끗한 벽, 책으로 가려진 벽은 내버려두고, 아이의 시선이 가장 많이 닿는 한 면이나 두면 정도만 정돈하듯 칠해줘도 된다. 집을 좀 더 잘게 쪼개 벽의 색과 용도를 달리할 수도 있다. 물론 언제나 그렇듯, 아이와 함께 구체적으로 색을 선정하는 것부터 시작할 생각이다.

아이방에
작업대를 놓자

내 아이, 자신을 잘 알고 있는가?

대학에서 많은 아이들을 만나 이야기를 나누는 직업의 특성상 코로나19 시기를 맞아 소소하게 상담하는 시간이 제법 있었다. 남들 보기에 디자인 계열 아이들은 미리 전공을 선택해 시험까지 쳐서 들어왔으니 진로가 정해져 있다고 생각할 수 있지만 가장 많은 상담의 주제가 진로다.

생각지도 못한 속도와 방향으로 세상은 변화하고 있다. 당연히 전공 교육 역시 민감하게 대응해야 한다. 그림만 잘 그리면 미대 갈 줄 알았는데, 디자인을 잘하는 데 필요한 능력이 비단 그림을 그리는 것만은 아니기에 어려움을 겪는 아이들이 적지 않다. 또 전문가 양성의 시작인 대학 과정에서 말하는 분야의 실체와 어린 날 꿈꾸었던 분야의 상상이 충돌하면서 헤매는 경우도 적지 않다.

그 와중에 눈에 띄는 학생들이 있다. 바로 자신을 잘 알고 있는 아이들이다. 철저한 시간 관리, 당당한 자신감, 소신 있는 선택으로 주도적인 삶을 이끌어가는 모습을 보면 감탄이 절로 나온다. 자신에게 집중해 무엇에 관심 있고 자신의 적성은 무엇인지, 전공을 통해 어떤 부분을 채우고 다듬어야 하는지, 그래서 앞으로 무엇을 하고 싶은지를 파악하는 자가 진단력이 상당하다.

대학에 들어오면 누구나 할 수 있는 일이 아니다. 대학 교과목에 그런 건 따로 없다. 이건 전문 지식의 영역이 아니라, 삶의 태도에 관한 문제이기 때문이다. 자신을 잘 파악하고 그런 자신의 생각을 드러내며 인정받는 과정이 몸에 배어 있다.

이후 조카는 나와 대화를 나눈 후 엄마와 이와 관련한 이야기를 좀 더 나누었다고 한다. 어른들이 보기에 속 시원한 변화를 보이지는 않겠지만, 먼저 이야기를 꺼냈다는 것만으로도 고무적이다.

아이의 집, 아이의 관심을 품고 있는가?

나에겐 청소년 시기를 보내는 조카가 있다. 이런저런 이야기를 나눌 기회가 있었는데, 여느 어른들처럼 아이에게 "요즘 공부는 잘되니?"라는 물음으로 대화는 시작된다. 아이는 대화 상대가 될 정도로 충분히 성장했고 생각머리도 커져 있었지만, 정작 공부를 왜 해야 하는지에 대한 물음에 쉽게 답하지 못했다. 앞으로 무엇을 하고 싶은지, 관심이 있거나 좋아하는 일은 무엇인지 질문하자 "몰라, 그런 생각 안 해봤어"와 같은 답이 돌아왔다.

사실 아이는 요리하는 것을 즐기고 있었다. 제법 맛도 좋다. 또 기존의 여러 제품들을 조합해서 먹는 재주가 남다른 걸 보니, 청소년 버전의 백종원이다 싶다. 어느 식품 회사에라도 입사해서 청소년 대상으로 상품 개발을 하면 대박을 치고 남을 재능이다.

요리에 관심이 있다고 꼭 요리사가 되란 법은 없다. 요리 개발자가 될 수도 있고, 요리 홍보 전문가나 기획자 또는 요리가 소재인 소설을 쓸 수도 있다. 어쩌면 상상도 못 할 새로운 분야를 개척할 수도 있다. 다만 취미가 직업이 될 수 있다는 생각까지는 못 할 나이다. 취미가 직업이 되고, 그것이 삶과 연결되는 경험을 축적하지 못했기 때문이다. 그런데 이런 시기의 아이들이 어디서 생각을 발화하고 경험을 쌓을 수 있을까? 또 그 경험을 어디서 축적할 수 있을까? 학교? 학원? 현재 그곳들은 모든 아이들에게 공통으로 필요한 것들을 교육하는 곳이지, 내 아이 하나에 맞춰서 교육하는 곳은 아니다.

여기저기를 둘러봐도 '집'만 한 곳이 없다. 집은 아이를 키우는 종합적인 환경이어야 한다. 단순히 학교 다니는 아이들이 밥 먹고 씻고 자다 나가는 곳, 학교나 학원 숙제를 하는 곳이 아니라, 자신의 미래를 꿈꾸며 작은 생각부터 실천해나갈 수 있는 곳이어야 한다. '공부'가 아니면 집에서는 별달리 할 게 없고, 다른 걸 하는 게 눈치가 보이기도 한다. 마음이 편한 곳에서 재능이 펼쳐지기 마련인데 우리 아이들에게 아이방이, 아이의 집이 그런 곳인지 생각해볼 일이다.

아이의 공간, 경험의 기억을 모으는 것부터

나는 조카의 공간에 관심사를 모으고 집이라는 공간에 하나씩 드러내라고 권유했다. 갑자기 멋진 연구실을 마련해주라는 것이 아니라, 관심 있는 대상과 연결해 이야기의 화제로, 읽을 거리로, 공부의 동기로 연결하는 다양한 시도와 자극을 주는 것이다. 아이의 관심사가 아이가 사는 공간에 자연스럽게 묻어남으로써 앞으로 나아갈 힘을 얻는다.

일상에서 여전히 아이는 학원을 다니고 사이사이 간식을 만들어 먹는다. 아이에겐 부엌이 작업실이자 연구실이다. 결과도 중요하지만 과정도 중요한 시대다. 아이가 만들어내는 요리들을 기록하고, 자신만의 레시피를 계획해보고, 사진을 찍어서

SNS에 올리거나 스크랩을 해둠으로써 자신의 경험과 노력을 축적해볼 수 있다. 또 이런 기록을 잘 정리해 한 권의 책으로 만들면 훗날 무엇보다 중요한 포트폴리오가 된다. 뭐든 할 당시는 귀찮지만 기록해두는 과정을 통해 현재의 성장 정도를 확인할 수 있다. 이 과정에서 얻은 자신감은 큰 자산이 된다.

이때 엄마가 도와줄 수 있는 것은 어떤 요리를 어떤 수준으로 하라는 주문이나 호된 평가가 아니다. 아이가 요리 하나를 선택할 수 있는 시간 여유를 잠시 허락하는 것, 그와 관련된 이야기를 이어갈 수 있도록 대화 상대가 되어 생각의 크기를 키워주는 것, 기록을 관리하고 모으는 데 필요한 약간의 지출을 지원하는 것, 가능하다면 집에 액자를 걸 공간 하나를 정해 요리 갤러리로 내어주는 일이다.

나아가 아이방이 요리에 대한 관심을 확장시키는 연구실이 될 수 있도록 새롭게 배치하는 일을 적극적으로 도와줄 수도 있다. 나는 조카의 미래를 기대한다. 꼭 무엇이 되지 않더라도 요리하며 행복했던 자신을 기억하는 것, 그런 연구실로서 자신의 방을 가져본 경험만으로 시작이 남다르지 않은가?

책상에서 공부만 하지도, 책상에서만 공부하지도 않는다

내 경험으로는 초등학교 입학을 기준으로 아이의 공간에 큰 변화가 있었다. 그전까지 아이방에는 책장과 놀잇감 수납장, 그리고 침대가 가장 큰 가구였다. 그런데 아이가 학교를 가야 하니 앉아 있는 자세를 익혀야 한다는 생각에 책상과 의자를 구입하기로 했다. 현실적으로는 뭔가를 줄이지 않고는 새로운 물건을 넣기가 어려웠기에 뭘 빼낼까 하는 것이 더 큰 고민이었다.

더 중요한 것은 아이를 관찰해보니 누군가가 만들어놓은 장난감을 가지고 노는 시간보다 있는 재료들을 가지고 자신이 무언가를 만드는 것 자체에 집중하는 경우가 더 많았다. 아이는 장난감들로 가득 찬 수납 공간보다 학교에서 받아오는 새로운 것들에 관심을 가지고 자신이 뭔가를 할 수 있는 작업대, 그리고 그것들을 드러낼 수 있는 전시 공간이 더 필요했다.

대단한 인테리어를 하라는 이야기가 아니다. 조명 하나만 바꿔서 새로운 분위기를 만들어도 좋고, 전용 작업대로 작은 테이블 하나를 놓는 것도 좋다. 나는 먼저 여러 가구 브랜드에서 출시된 어린이 가구들을 탐색했다. 딱히 답이 없었다.

책상이라 부르는 아이의 작업대 하나를 사려던 것이었는데, 앞이든 옆이든 책꽂이나 침대까지 세트로 구성해야 폼이 나는 가구들이 많았고, 공부 외에 다른 활동을 하기에는 불편해 보이는 것도 많았다. 고민 끝에 어린이 코너가 아닌 어른 코너에서 넓은 테이블 하나를 구입했다. 책꽂이 없이 그냥 사방팔방에서 둘러앉아도 상관없는 테이블이었다. 높낮이 조절이 가능해 여차하면 아이가 서서도 뭔가를 할 수 있다. 지금도 아이는 자신의 작업대에서 많은 일을 한다. 책상에서 공부만 하는 것이 아니다. 학교 숙제도 하고, 그림도 그리고, 책도 읽고, 딱지도 접고, 엄마 몰래 가져다 먹는 간식은 꿀맛이다. 그냥 무언가를 펼쳐놓고 멍 때리기도 한다. 책상을 사주었다고 책상에 딱 붙어 공부할 것이라는 기대는 엄마의 착각이다.

어릴 때부터 아이방을 마련해 이것저것 해주었지만, 아이는 자기 방에만 있지 않는다. 또 엄마의 기대나 계획처럼 공간을 용도별로 사용하지도 않는다. 그렇기에 아이가 크는 집은, 조금 비워져 있어야 한다. 아이를 아이방에 가두려 하지 말고 조금 공간을 내어주면 아이는 집 안 곳곳을 다니며 자신의 생각을 펼쳐내는 온갖 시도를 마음 편히 해낼 것이다.

아이에게 창의적 환경은 하나의 모습이 아니다

공간을 바꾼다는 것은 자신을 둘러싼 환경을 바꾸는 혁신적인 일이기도 하다. 공간을 바꿈으로써 일상의 순간을, 창의적인 순간을, 의미 있는 시간을 만들 수 있다. 매일 같은 것을 보고, 같은 행동을 하고, 같은 근육을 쓰는 아이들이 다른 생각을 하기는 쉽지 않다. 창의적 인재를 꿈꾼다면 창의적 사고와 창의적 활동을 할 수 있도록 새로운 환경에 노출시켜야 한다. 매 순간 그런 환경에 있을 수는 없기에 창의적 현장에 참여하는 나를 꿈꿀 수 있는 그런 공간이 필요하다.

아이가 사는 공간에 대한 정답은 없다. 내 아이가 옆집 또는 앞집 아이와는 다른 유일무이한 존재이기 때문이다. 아이의 맞춤 공간은 그 아이의 행동을 통해서만 답을 찾을 수 있다. 아이들의 꿈이 같더라도 그 꿈을 펼쳐가는 방법이나 속도, 강도도 다르다.

그런데 그것을 펼쳐내는 환경으로서 공간이 같을 수 있겠는가? 그리고 그것을 똑같이 해야 할 이유가 있겠는가? 아이를 지켜보면서 자극을 줄 수 있는 환경으로서 아이방과 집의 모습을 다시 실정하고, 책상 대신 아이가 관심을 가지고 뭔가를 할 수 있는 작업대를 놓는 것부터 시작해보자.

아이들에겐
'자연친화지능'이 필요하다

지금 당장 아이방을 둘러보자

코로나19를 겪으며 온갖 바이러스, 질병, 오염 관련 문제가 부각되고 있다. 동서고금을 막론하고 자연은 인간에게 가장 좋은 환경을 제공한다. 인간이 건강한 면역 체계를 지킬 수 있는 온전한 환경으로서 산속 공기나 천연 지하 암반수처럼 깨끗한 건 없지 않은가? 그래서 우리 삶의 곳곳에 이런 환경을 만들어줄 갖가지 가전제품과 생활용품이 쌓이는 건 아닌가 싶다.

그렇다면 자연이 주는 긍정적인 효과를 어떤 식으로 각자의 집에 담아내고 있는지 한번 살펴볼 필요가 있다. 대부분 한국의 가정에서 여러 생물들이 자리하는 곳은 거실과 베란다이다. 식물들을 효율적으로 관리하려면 한곳에 모아두는 것이 좋겠지만 문제는 대부분 엄마만 관심을 둘 뿐이다. 엄마의 취향이 발현되는 공간에 화분들이 자리하기 마련이다. 꽃이 핀다고 좋아하고, 시들면 영양제를 주입하고, 키라도 커지면 더 큰 화분으로 갈아준다. 온갖 정성을 쏟으니 좋은 기운이 가득하다. 그러다 죽기라도 하면 '내 손은 똥손'이라며 그간의 노력에도 불구하고 자책까지 하게 만드는, 말 한마디 없이도 사람을 들었다 놨다 하는 진정한 생명체다.

그러거나 말거나 우리 집 아이는 자신이 선택한 게 아니면 크게 관심을 보이지 않는다. 또 집 안 전체에 골고루 관심을 가지는 것도 아니다. 어른들이 베란다에 물을 주고 분갈이를 하며 사시사철을 느껴보라고 키우는 식물들도 자신이 선택한 것이 아니기에, 또 자신의 공간도 아니기에 그저 어른들의 소일거리일 뿐이다.

아이의 입장에서 생각하면 자신의 방에 자신이 선택해서 들여놓은 자연물이 가장 의미 있다. 거실이나 베란다가 자신의 공간은 아니기 때문이다. 그러니 여러 이로움을 주는 자연물들을 엄마의 관심이 가득한 곳에 한정시킬 것이 아니라, 아이방에 옮겨 자연을 접할 수 있는 시간 한 번, 기회 한 번을 더 줘야 하지 않을까?

'자연친화력'도 지능인 시대를 사는 아이들

몇 년 전 하버드 대학의 교육학과 교수이자 심리학자인 하워드 가드너(Howard Gardner)가 제시한 '다중지능이론'에 근거한 설문을 우리 학교 학생들을 대상으로 진행해본 적이 있다. 다중지능이론은 아이큐(IQ) 하나로 인간의 지능을 평가하는 것이 충분하지 않다는 데서 출발했다. 다중지능은 언어지능, 논리수학지능, 음악지능, 공간지능, 신체운동지능, 인간친화지능, 자기성찰지능, 자연친화지능으로 분류된다. 남과 비교하는 것이 아니라 자신이 가진 재능과 관심을 확장하고 깊게 파고드는 것이 중요하다는 점을 강조한다. 역사적으로도 자신의 강점에 집중했던 사람들이 의미 있는 성취를 얻었다고 하니, 자신이 가진 강점을 파악하는 좋은 근거가 될 수 있다.

언어, 논리수학, 음악, 공간, 신체 관련 지능은 수치화해서 평가하는 데 익숙하다. 그런데 인간친화, 자기성찰, 자연친화는 수치로 평가하는 게 낯설다. 하지만 급변하는 사회에 필요한 능력으로서 가치 있는 것만은 분명하다.

어쨌든 설문 결과는 조금 놀라웠다. 디자인 전공 학생과 비전공 학생 모두를 대상으로 했는데, 확실히 전공과 관련된 지능이 높게 나왔다. 반면 전공과 상관없이 공통적으로 제일 낮은 것이 바로 자연친화지능이었다.

자연친화지능은 다른 지능과 결이 좀 다르다. 자연친화지능은 인간이 저마다 다른 생존 환경에 적응하며 살아가기 위한 능력으로서, 환경에 대응하고 판단하는 주도력이 포함되는 개념이다. 오랜 시간 지구에서 살아온 인류가 습득한 잠재된 능력을 유지하고 발달시켜야 하는, 마치 본능과 같은 능력이라는 생각이 든다. 어떤 시대, 어떤 기술로 살든 세상의 많은 문제를 자연의 원리와 형상에서 해결해온 인류가 정작 미래를 살아갈 아이들에게는 자연과 더불어 살아갈 지능을 교육시키지 못하는 현황을 마주한 듯하여 마음이 무거웠다. 자연이야말로 인간이 지구에서 살아갈 이유이자 근간이라 믿기에 책으로, 인터넷으로, 정기 꽃배달 서비스로라도 자연을 접하며 오늘을 살아간다. 그런데 아이러니하게도 우리 아이들은 그런 자연과 교감하고 자연에서 누린 경험의 부재로 인해 자연친화지능 자체가 현저히 떨어져 있다. 우리 집 아이는 어떨까? 세상의 많은 지혜와 현답을 주는 자연을 누릴 준비가 되어 있을까?

콘크리트 세상에서도 우리는 자연을 꿈꾼다

앞에서 아마존이 자연에서 영감을 받아 지은 시애틀 본사 사옥을 소개했다. 아마존 스피어라 부르는 그 건물은 바이오필리아(Biophilia)에서 영감을 받았다. '바이오(bio, 생명)'와 '필리아(philia, 사랑)'의 조합으로 자연이 주는 효과를 개념화한 바이오필리아는 미국의 사회생물학자 에드워드 윌슨(Edward O. Wilson)이 30년 전에 관련 가설을 주장하면서 알려졌다. "생명을 사랑하는 인간의 마음은 본능"이라는 전제 아래 인간이 생명으로 대변되는 자연에 이끌리는 것은 본능이라는 견해다.

자연은 인간이 건강과 휴식을 누리는 데 필수적이다. 식물을 바라보는 행위 자체가 긴장을 풀어주는 효과가 있다는 것은 이미 잘 알려진 사실이다. 푸른 식물을 접할 수 있는 면적을 넓혀 공간의 역할과 효과를 높이려는 사례가 늘어나고 있다. 담대한 자연을 마주하면 그 놀라움에 마음이 차분해지고 신체가 이완되는 효과가 있는데, 자연이 주는 감동을 일상에선 느끼기 어려우니 이런 시도에 주목하게 된다.

콘크리트가 가득한 도시에서 녹지 공간이 감소하고 있다. 현대인은 시간의 대부분을 실내에서 보내며 밖에 있는 녹지 공간이 아니라 지금 삶을 영위하는 현장에서 바로 자연을 만나고 싶어한다. 그런 이유로 바이오필리아 개념이 적용된 곳이 증가하고 있다. 특히 병원이나 심리센터, 교육기관과 같이 인간의 몸과 마음을 다루는 공간에서는 효과가 더 크다. 병실에서 창가 자리에 있던 환자가 다른 자리의 환자보다 빨리 회복한다는 말을 들어본 적이 있지 않은가? 그게 바로 이러한 원리다. 허옇게 둘러싸인 삭막하고 차가운 분위기의 병원에서 바이오필리아 개념의 도입은 환자의 치유를 돕는 훌륭한 치료제다.

바이오필리아가 주는 효과

바이오필리아 효과를 누리는 여러 방법 중 손쉽게 할 수 있는 일은 방에 자연 요소를 도입하는 것이다. 단번에 효과가 드러나는 것은 아니지만 결과적으로 스트레스가 감소해 웰빙 효과가 향상될 수 있다. 또 인지 능력이 높아지고, 높은 만족감과 편안함을 가지게 되어 수면의 질도 좋아진다고 한다. 아이방에 바이오필리아를 도입하지 않을 이유가 없다.

창밖 풍경을 바라보는 것만으로도 긴장을 누그러뜨려 안정감을 확보하는 것은 물론 눈 건강에 효과적이라고 한다. 특히 자연광은 신체 리듬과 연계되기 때문에 창문 크기를 통해 자연 조도를 유지하는 데 신경을 쓸 필요가 있다. 인공조명을 써서 사무실을 밝힌다 하더라도 낮에 구름 낀 겨울 하늘의 밝기보다 어둡다. 그만큼 자연광은 힘이 세다.

물론 아파트가 대세인 한국에서 창과 조망권을 확보하는 데는 한계가 있지만, 바이오필리아를 적용하는 것은 결코 막연한 일이 아니다. 아이방을 바라보며 아래와 같이 바이오필리아를 담아볼 수 있는 방법을 선택해보자.

- 시각적으로 자연과 연계되도록 외부를 향한 조망권이 확보되어 있는가?
- 시원한 개방감을 느낄 수 있도록 창을 최대한 넓게 확보하고

있는가?

- 빛이나 바람과 같은 보이지 않는 요소들이 유입될 수 있는가?
- 자연광을 기준으로 공간을 구성하고, 자연광을 최대한 받을 수 있도록 빛의 형태, 방향, 반사된 빛과 그늘을 고려했는가?
- 살아 있는 나무, 꽃 등 식물을 키우는가? 혹은 무생물이라 하더라도 식물과 동물의 이미지나 풍경 등 자연적인 요소가 곁에 있는가?
- 편안함과 안정감을 주는 수(水)공간이 외부에 있어 내부에서도 그것을 인식할 수 있는가?
- 목재, 석재, 패브릭 등과 같은 자연 재료를 활용하고 있는가?
- 냄새, 소리와 같은 여러 감각을 느낄 수 있는가?

최근 코로나19 시기를 겪으며 어린아이들이 앓고 있는 마음의 병이 어느 때보다 크다고 한다. 일방적인 화면에 노출되는 시간이 폭증했고, 여러 관계를 통해 성장하고 배울 수 있는 기회도 줄어들었다. 그렇다고 손 놓고 있을 수는 없다. 각박한 도시에서 건조한 일상을 보내는 아이들에게 애정을 담아 키울 수 있는 식물 친구 하나를 사귀게 해주자. 그 작은 식물 하나를 통해서도 아이를 안정감 있고 균형감 있게 이끌어줄 수 있는 것이 바로 자연의 힘이다.

자연을 장난감처럼
가지고 놀게 하라

친구가 되고 애정을 줄 수 있는 식물, 아이방에 있는가?

숲세권이라는 말처럼 숲이 근처에 있는 것도 자산인 시대를 살고 있다. 일상을 지내다 심신이 지치면 수시로 자연을 접하며 마음을 비우고 활력을 얻을 수 있는 환경이 그만큼 중요해졌다. 그런데 그저 인간을 품어주리라 생각한 그 자연도 친근했던 기억과 경험이 없다면 정작 필요할 때 다가가기 쉽지 않은 먼 존재가 될 수 있다.

각박한 도심 생활에 지칠 때, 사람들은 마음의 위로를 얻고 건강한 에너지를 채우기 위해 다양한 방법으로 자연을 일상에 끌어들인다. 집에 자연을 담은 그림을 하나 걸어두는 것만으로도 효과를 얻고, 집 가까이 공원이 있다는 것만으로 코로나19 시기에 큰 위로가 된다. 나아가 숲 체험을 하거나 수시로 캠핑이나 글램핑을 하고, 심지어 직접 자연으로 들어가 아예 터를 일구며 사는 삶을 동경하는 인구도 늘어나고 있다.

어느 날 아이방을 둘러보다 전파 차단 효과가 있어 물을 제때 주지 않아도 꿋꿋이 살아내는 책상 한쪽의 작은 선인장을 바라보게 되었고, 그리고 다른 식물들이 없다는 것을 자각하게 되었다. 그나마도 작은 선인장은 엄마의 취향이므로, 아이가 관심을 두지 않아서인지 쪼그라져 볼품없었다. 아이가 직접 물을 주고 잎을 닦아주며 애정을 쏟을 수 있는, 아이와 함께 크는 식물이 없었다. 좋은 음악을 들으면 '얘도 듣고 있나?'라는 생각이 드는 그런 식물 말이다.

그 후로 기회될 때마다 아이에게 자신의 방에 들이거나 담당할 수 있는 식물을 하나씩 키우라고 하고 있다. 그렇게 해서 올초 본격적으로 동식물들과 함께 살게 되었다. 아이는 고양이 알레르기가 있어 네 발 달린 반려동물을 들이기는 어렵고, 봄이라는 이름의 거북이, 가을이라는 이름의 자라, 부인을 잃은 수컷 사슴벌레 한 마리, 그리고 동물인지 식물인지 모를 마리모들. 특히 대마디말과에 속하는 담수성 녹조류의 일종인 마리모는 공처럼 동글동글한 모양으로 뭉치는 특성이 있어 아이들의 반려식물로 인기가 높다. 일본 홋카이도의 아칸호에서 최초로 발견되었다는데 지금은 일본의 천연기념물 종이 되었다.

아이들은 이런저런 이유로 하나둘씩 식구가 되기 시작한 반려 동식물들에게 먹이를 주고 수족관 청소와 흙 관리 등을 해나간다. 처음에는 호기심에 시작했다가 점차 책임감과 무게감이라는 피로를 느끼기도 한다. 유달리 힘없는 모습, 평소보다 빨리 뿌옇게 변하는 물색, 시들해진 잎사귀 등을 통해 말 못하는 동식물의 상황을 쉼 없이 가늠해봐야 하기 때문이다.

그럼에도 "오늘 밥 잘 먹었는지 한번 볼까?"라며 거북이와 자라의 밥을 챙기는 모습을 보노라면, 오늘도 자연과 함께 살아가는 시간을 쌓아가고 있다는 생각이 든다.

자연과 놀아본 아이가 자연으로 갈 수 있다

큰아이가 잘 다니던 숲학교를 안 가겠다고 우기기 시작했다. 마냥 거부하는 아이를 붙들고 어렵사리 이유를 들을 수 있었다. 선생님이 시키는 대로만 다니기 싫다는 게 이유였다. 이미 2년 넘게 다녀서 다 아는 숲길인데 선생님이 정해준 시간에 보라는 것을 보고, 가라는 데로 가고, 놀라는 방식으로 노는 게 마음에 안 든다고 불평했다. 3년이나 다니면서 이래저래 숲길이 익숙해져 자신감이 생긴 듯했다.

"왜 꼭 숲을 선생님과 함께 가야 해요?" 아이는 전혀 예상치 못했던 부분을 끄집어내어 나름의 이유를 풀어낸다. 자기는 벌레를 좋아하기 때문에 벌레를 만나면 그 자리에서 더 오래 머물러야 하는데, 단체 생활을 하다 보니 자신의 관심이나 의지와 상관없이 움직여야 한다는 것이다. 그러니 숲을 갈 때 자기를 좀 풀어놔주면 좋겠다고 한다.

아이의 주장이 합당하다고 생각해 교장 선생님과 상담했더니 숲학교를 잠시 쉬는 것도 방법이라고 했다. 그 조언을 받아들여서 아이를 익숙한 숲에 한참을 그냥 풀어놓았다. 그러자 아이는 자기 마음에 드는 돌들과 솔방울을 주워 와서 "이건 날카로우니 칼처럼 쓰면 되겠다" 하며 한껏 편한 얼굴로 수다를 떤다. 자연이란 뭐 하나 똑같은 것이 없고, 뭐 하나 정해진 것이 없으니, 내가 게임의 주인이고 규칙을 만들 수 있다. 그 자유를 아이는 맘껏 누리고 싶어 할 뿐이다.

어느덧 아이는 숲길이 어색하지 않게 되었다. 자신의 관심과 속도대로 자연을 누리고자 하는 마음을 가질 만큼 성장했다. 처음 숲학교를 보낼 때만 해도 한 달에 한 번 맑은 공기 마시며 제철 기운 느끼고 오면 다행이다 생각했다. 그런데 아이는 자연이 변화한 만큼 달라져 있었다. 길이 주는 익숙함과 자신감 속에서 자신의 뜻대로 걸어가고 싶을 만큼 자란 것이다.

내 아이가 선생님 말씀 잘 듣고 밥 잘 먹는 모범생이었다면 엄마로서 뿌듯했을 테지만, "내 방식대로 숲을 가면 안 되냐"는 자기 생각을 가진 아이라는 것을 알 기회는 없었을 것이다. 나는 아이의 또 다른 면을 보게 되었다. 자연으로 나가면 아이들은 자신도 모르게 솔직해진다. 어른인 나도 좀 더 넉넉해진다. 내가 기대하지 않았던 모습이면 어떤가? 그 역시 내 아이의 모습인걸.

모든 아이가 자연을 같은 방법으로 같은 시간을 들여 친숙해질 필요는 없다. 내 아이가 자연 속에서 스스로 한발 한발 떼는 그 결정을 통해 자연이 주는 넉넉한 마음과 다양한 변화, 대지의 기운과 생동하는 섭리를 익히길 기대한다. 어른의 속도가 아닌

| 숲에서 주워 온 돌들과 솔방울 |

아이의 속도로, 인솔자가 이끄는 방향이 아닌 스스로 움직이고 싶은 대로 가려는 아이의 마음에 격려를 보낸다.

바다라는 이름만으로도 아이들을 놀게 한다

2020년 방학이라고 어디 자유롭게 다니기 어려울 때, 거제로 내려가 지낼 기회가 있었다. 2021년 초에 만난 거제의 겨울 바다는 아이가 만난 첫 겨울 바다였다. 겨울에는 바다에서 물놀이를 할 수 없으니 굳이 찾지 않았던 터였다.

그런데 아이는 몽돌들이 가득한 해변에서 엄마 아빠가 놀아주지 않아도 이리저리 다니며 돌 줍고, 돌 보고, 바위 위를 오르락내리락하며 너끈히 1시간을 노는 게 아닌가? 아이가 어릴수록 아이가 노는지 내가 노는지 모를 정도인데, 해변에서 가진 여유는 추운 겨울에 마시는 따뜻한 코코아처럼 달콤했다.

한참이나 엄마 아빠를 찾지 않는 아이를 따라 시선이 오고 가다 보니 별것 없었다. 아이는 그저 돌과 돌 사이 가득한 하얀 조개껍데기와 소라껍데기를 보며 색을 고르고, 모양을 고르고, 조합을 맞추는 게 전부였다. 그래도 혼자 바빴다. 뭐 하나 예측할 수 있는 것이 없었다. 어디서 어떤 재미난 조개껍데기나 예쁜 돌들을 만날지 모르니, 적당한 긴장감 속에 아이는 신나게 보물찾기를 즐기고 있었다.

바다에서 어떻게 놀아야 한다고 특별히 가르쳐주지 않았는데, 찰랑이는 물들을 보며 아이는 자신이 찬 바닷물에 젖지 않고 노는 영역을 파악하고, 그 안에 있는 지형지물을 이용해 주변을 살피고 왠지 예쁜 돌들이 있을 만한 곳을 수시로 탐색했다. 아이들은 참으로 신기하다. 재미라는 이유 하나로 어른들은 따라 할 수 없는 열정을 퍼붓는다. 집으로 데려올 조개껍데기들을 건질 때는 해양 어선에서 거대 참치라도 잡은 것처럼 시끄럽기 그지없다. 마냥 행복하고 신난다. 자연에서는 정해진 규칙 없이 자신이 원하는 방식으로 얼마든지 주도적으로 놀 수 있다.

겨울 바다에서 데려온 조개껍데기들은 집에 잘 진열해놓았다.

| 아이들이 거제 해변에서 주운 조개껍데기들 |

그것들을 보면서 여름에 다시 가기 전까지 거제의 겨울 바다를 기억하는 생활을 할 수 있었다. 다음에 가서 새로운 껍데기로 채워져 자리를 빼앗길지도 모르지만 말이다.

아이들의 자연 놀이는 스스로 진화한다

자연은 참 자연스럽다. 그리고 자유롭다. 인간이 건드리지만 않으면 자라고 싶은 만큼 자라고, 바라보고 싶은 곳을 보면서 친한 애들끼리 잘 어울려 살아간다. 서로 다른 자연물들이 만나 조화를 이룰 때도 계획적이고 체계적인 것이 아니라 우연한 만남이 일정한 원리와 섭리 속에서 수시로 변화하며 이루어낼 따름이다. 지겨울 틈이 없다. 그렇기에 산은 하나인데 사시사철 그 모습이 달라 부르는 이름도 달리 지었겠는가?

자연에서 노는 아이들을 보면 산을 닮아서인지, 바다를 닮아서인지, 그곳 아이들답게 논다. 뭐든 스스로 한다. 자연을 놀잇감 삼아, 때로는 공격적으로 때로는 순응하며 고정된 형식이나 정해진 규칙 없이 각자의 관심에 따라 눈과 마음에 각양각색의 기억과 인상을 담는다.

예측할 수 없어 흥미진진하고 매번 새롭게 느껴진다. 어제 만난 물빛이, 바람이, 하늘빛이 다 다르다. 어제 길에서 만난 청솔모가 어제의 그 아이가 아니고, 오늘 나무 위에서 눈이 마주친

| 아이들이 직접 주운 돌에 그린 그림 작품 |

아이들이 그린 뭔지 모를 검은 해양 생물들, 조선소 앞에 떠 있는 주황색 배, 검붉은 석양을 품은 바다. 그린 물개, 바다고래.

다람쥐가 어제의 그 아이가 아니다. 냇가에 흐르는 물소리마저 지겹지 않고, 심지어 기온과 햇빛의 양마저 수시로 변화하니 지겨울 틈이 없다.

발에 치이는 돌마저 가지고 놀 수 있는 장난감이 된다. 어른들이 아이를 위해 작정하고 만들어준 장난감이 아님에도 아이들은 알아서 잘 가지고 논다. 정해진 모양과 개수도 없고, 위치도 정해져 있지 않다. 그저 아이의 몸이 허락하는 만큼 가지고 놀 뿐이고, 내가 가지고 이동하는 그곳이 제자리이니 스트레스도 없다. 매 순간 다른 환경을 만드는 자연은 우리 아이들이 주어진 상황을 파악하고 적응하여 효율적인 이동과 정주를 하도록 만든다. 아이들의 적응력은 무서우리만큼 강하다. 매번 새롭게 바뀌는 자연이라는 환경 속에서 아이들은 심지어 놀기까지 하니 말이다. 자연은 알 수 없는 환경 그 자체가 장난감이기에 자연에서 노는 아이들은 스스로 기획자이자 인솔자이고, 향유자가 될 수 있다. 고정된 형식에 얽매이지 않고 자신의 감각과 관심에 따라 세상을 경험하는 듯하다. 어떻게든 잘 살아내는 우리 아이들, 파이팅!

아이 손을 잡고
한번 다녀보시길

새로운 공간이 등장했다는 소식에 아이를 데려가 보기로 한다.
마음을 다잡고 지갑을 챙겨 아이의 손을 이끈다. 좋다는 곳에
데려다 놓기만 하면 아이가 엄마의 기대만큼 그 공간을 한껏
누릴 거라고 기대하지만 내 착각일 뿐일 때가 많다. 아직 때가
아니거나 내 아이의 관심이 지금은 그곳에 닿아 있지 않음을
확인하는 순간이다.

아이들은 놀잇감 트렌드에는 예민해도 세상 트렌드에는 그리
예민하지 않다. 새로운 것에만 목말라하지 않아 오랜 시간 엄
마 아빠의 좋은 추억이 담긴 곳들을 내 아이들에게 소개해주는
것만으로도 충분하다. 아이들에게는 '어디를 가느냐'보다 '어떻
게 있느냐'가 더 중요하다. 누구와 무엇을 했는지, 무슨 생각했
는지, 그래서 느낌이 어땠는지가 그곳의 명성보다 더 중요하
다. 그러니 뭔가 색다르고 유명하고 화려한 곳을 모른다고 해
서 걱정할 필요 없다.

특별한 아이디어가 없다면 기회될 때 아래 추천하는 곳들에 한

번씩 데리고 가보자. 엄마 아빠와 함께 보낸 행복하고, 때론 색다른 시간으로 공간의 경험을 채울 수 있을 것이다. 오랜만에 엄마도 공간이 품은 이야기와 만나 아이들과 함께 생각하는 시간을 갖는 건 덤이다.

덕수궁

서울 시청 맞은편에 대한문(大漢門)이란 현판으로 시작되는 덕수궁은 시민들에게 낯설지 않은 곳이다. 조선 말 고종이 경복궁을 벗어나 이곳 덕수궁까지 오게 되는 상황과 사건에 등장하는 인물들, 덕수궁 공간이 겪어온 변화와 그것이 상징하는 의미들에 더해 오늘날 활발하게 운영되고 있는 국립현대미술관까지, 다양한 성격이 레이어로 입혀진 곳이다.

한여름이 시작되기 전, 해가 긴 어느 날 아이 둘과 함께 덕수궁 야간 투어를 신청해 2시간을 꼬박 답삿길에 참여한 적이 있다. 덕수궁 야간 투어는 색다른 경험이었다. 아이들은 국립현대미술관의 작품을 감상하기 위해 낮에 온 적은 있지만, 덕수궁 전체를 훑어보지는 않았던 터라 밤에 만나는 덕수궁은 익숙하고도 낯설었다.

도슨트 프로그램을 신청해 경험 많은 선생님의 설명을 따라 이동한 덕수궁 곳곳에는 갖가지 사연이 자리했다. 숨은 그림처럼 찾는 이에겐 보이고 들리지만, 찾아내지 못한 이에겐 그저 그런 건물, 나무, 돌들일 뿐. 산만하게 알고 있던 오랜 파편들이 덕수궁이란 현장 안에서 모이고 합쳐졌다. 아이들에게 어른들과 같은 이어폰을 끼고 이동한다는 행위 자체는 2시간이라는 짧지 않은 시간을 걷게 하는 활력제가 되었다. 인물이나 사건 하나하나는 모르지만 점점 해가 어둑해지면서 변하는 하늘 풍경은 새로웠고, 햇빛이 사라지자 궁 내 조명이 하나둘 켜지는 모습도 인상적이었다.

얼마 후 광화문을 지나던 아이는 "왕비가 여기서 죽어서 왕이 무서워가지고 덕수궁으로 옮겼다는 거지?"라고 물었다. 작은 아이는 "공주도 유치원에 갔어. 나도 유치원 다니잖아" 하며 오빠 이야기에 말을 얹었다. 덕수궁 답사는 덕수궁에만 머무르지 않는다. 서울이라는 지도 위에서 수시로 등장한다. 날이 좋을 때, 계절이 바뀔 때, 새로운 전시가 있을 때 언제든 다시 가서 새로운 레이어를 한 겹 더 얹어줘야겠다.

〈주변 살펴보기〉
덕수궁 주변에는 조선 말기 상황과 연관 지어 살펴볼 만한 곳이 제법 많다. 1926년 경성부 청사로 지어진 이래 서울시청 시절을 거쳐 100년의 시간을 서울의 중심에 자리한 서울도서관도 한번 둘러보자. 서울 신청사에도 들러 오늘의 서울을 대표하는 시립도서관으로 쓰이는 옛 공간과 비교해보면 색다름을 느낄 수 있다.

덕수궁 바로 옆은 서울도시건축전시관이 자리한다. 서울이라는 도시와 관련된 시의성 있는 주제를 다루고 있는 도시 건축 전문 전시관이다. 옥상 공간을 일컫는 서울마루는 옛 조선총독부 체신국 청사였던 국세청 별관을 허물고 만든 곳으로, 이제 서울의 중심에서 휴식을 취하거나 넓은 시선으로 서울 중심을 바라볼 수 있다.

서울시립미술관은 옛 대법원 청사였던 역사적 건물을 2002년부터 사용하고 있다. 굳이 입장권을 내고 미술관에 들어가기 부담스럽다면 먼저 야외 조각과 크고 작은 풀들 사이에서 아이들을 풀어놓아도 좋다. 차근히 익숙해지도록 말이다.

정동길은 돌담이라는 고즈넉한 풍경 외에도 곳곳에서 근대 역사를 담은 지점들을 만날 수 있다. 정동극장, 중명전(수옥헌이라는 이름의 옛 황실도서관으로 나중에 고종이 거처하면서 중명전이 되었지만, 을사늑약 체결의 현장이자 한국전쟁 후 미군의 클럽으로 사용된 비운의 장소), 이화여고 심슨 기념관, 옛 러시아 대사관(아관파천 장소) 등도 여유 있게 걸어보자.

정동전망대는 서울시 서소문청사 13층에 자리해 덕수궁 일대를 조망할 수 있다. 지금은 코로나19로 인해 운영이 잠정 중단된 상태이지만, 언젠가 다시 옛 궁과 오늘의 서울을 함께 내려다볼 수 있길 기대해본다.

문화서울역 284 + 서울역

문화서울역 284는 옛 서울역으로 쓰였던 공간이다. 한국 철도 역사의 시작은 경인선이 1900년에 서울 남대문역까지 진입하면서 시작된다. 당시 남대문정거장이라 불렸던 남대문역은 목조 건물이었기에 3년의 공을 들여 르네상스식 건축물로 신축되어 1925년 경성역으로 화려하게 등장했다. 2004년 KTX 고속철도가 개통되어 서울역사로서 임무를 다하는 그날까지 서울의 가장 활력 있는 장소 중 하나였다. 이후 2011년에 내부를 복원한 모습이 대중에 공개되며 지금의 문화공간이 되었다.

20대에는 기차역으로 이용했던 이곳을 종종 아이를 데리고 와서 전시를 보는 문화 공간으로 마주하고 있다. 어린이날 기념으로 사전 예약을 해서 갔던 어린이 공간 투어가 기억에 남는다. 당시 여러 아이들 무리에 섞인 큰아이는 3등석 대합실 공간으로 시작되는 설명에 이어 2등석 대합실, 그리고 1등석 이야기까지 그냥저냥 따라다니는 듯 했다. 그러다 2층에서는 물 만난 고기마냥 신이 나서 조잘댔다. 이전에 아이가 관심 있게 보았던 괴상한 작품이 2층에 있었는데, 그저 어느 방이라고만 생각했던 전시실이 그릴(Grill)이라는 조선 최초의 양식당이란 걸 알게 되자 태도가 바뀐 것이다. 식당과 준비실 벽 사이 음식이 오갔던 구멍을 두고 서로 사진을 찍어주던 예전 일까지 끄집어낸다. 표의 등급에 따라 대합실의 모습, 사람들의 행위가 다르다는 내용도 생각났는지, 듣는 둥 마는 둥 하던 태도는 어디 가고 질문을 쏟아낸다. "등급 간에 얼마나 가격 차이가 나요?" "1등석 기차에서는 그릴에서 먹던 밥을 또 줘요?" "3등석 사람은 그릴에서 못 먹어요?" 이렇듯 공간을 훑다보면 뜻밖의 포인트에서 빵! 터질 때가 있다. 그때를 놓치지 않고 계속 이어가는 것이 중요하다. 거기에서 끝나는 게 아쉬워 아이를 끌고 지금의 서울역으로 이동했다. 좀 귀찮긴 해도 방금 보고 들은 옛 서울역을 새로 지은 서울역과 비교해보자고 하면 제법 잘 따라온다. 처음 가보는 서울역이 아닌데도 이렇게 관계를 만들어보면 새롭게 바라보게 된다.

그 옛날 3등석, 2등석, 1등석 대합실이 지금의 서울역 어디에 있는지, 이정표도 찾아보고, 주위를 둘러본다. 있을 리 없지만 숨바꼭질하듯 뒤져본다. 같은 기차인데 왜 그때는 있고, 지금은 없는지도 물어본다. 또 예전에는 그릴에서 식사할 수 있는 사람이 정해져 있었는데, 지금은 사람들이 어떻게 음식을 먹는지, 왜 이런 차이가 나는지도 묻는다.

아이가 느닷없이 기차역에서는 자리 차이가 없는데 예전에 비행기 탈 때 공항에서 봤다는 이야기를 꺼낸다. 일반석, 비즈니스석, 일등석을 말하는 것이다. 엄마와 새로운 공간에서 나누는 질문과 답들이 정확하고 명확할 이유는 없다. 문제집을 푸는 것도 아니니 말이다. 그저 아이는 기차와 기차역을 두고 시대에 따라 다른 역할을 하는 두 공간을 한꺼번에 만나 그 안에서 100년의 시간을 넘나드는 경험을 했다. 또 생각지 않았던 공항이라는 대상까지 연결해보니 그만하면 되지 않았는가?

⟨주변 살펴보기⟩

문화서울역 284 주변에 2017년에 등장한 서울로7017이 있다. 1970년에 세워진 서울역 주변의 고가도로를 사람이 다니는 길로 바꾸는 프로젝트로서, 뉴욕 하이라인(High Line)의 취지를 표방했다고 전해진다. 그런 탓에 많은 논쟁이 오고간 길이지만, 아이들과 함께라면 가볼 만한 곳이다. 날이 좋으면 좋은 대로, 안 좋으면 안 좋은 대로 색다름을 느낄 수 있다. 아이의 생각이 다다르는 지점이 있을 테니 말이다.

서울역을 중심에 두고 반대편에는 그때 그 시절을 돌아보게 하는 여러 근대 건축물과 역사가 자리한다. 한국은행 화폐박물관(구 조선은행), 신세계 본점(구 미츠코시 백화점 경성점), 서울중앙우체국(구 경성우편국)까지 남대문을 둘러싸고 일제강점기 교통, 통신, 금융, 상업의 핵심을 담당한 공간이었다.

옛 기능을 그대로 유지하는 곳은 신세계 본점밖에 없다. 신세계 본점도 대형 백화점의 구색을 갖추기 전까지는 이름도 몇 번이나 바뀌었고, 때론 미군 PX(마트) 역할을 할 때도 있었다. 지금 보는 서울중앙우체국은 이전의 모습과는 전혀 관련 없이 변해버렸지만, 그 터만큼은 변함없이 서울의 한 중심에 자리하고 있다. 일제강점기에 세워진 건물들의 사연은 제각각이지만, 근대 서울의 대표적 엔진과 같은 역할을 했던 곳들의 변천사가 주변에 흩뿌려져 있으니, 아이들과 함께 한곳 한곳 그 흔적을 찾아 나서보자.

국립현대미술관

국립현대미술관 서울은 개인적으로 애정하는 곳이다. 미술 작품에 몰두해 대단한 교육적 효과를 봐서가 아니다. 아이들을 어릴 때부터 데리고 와서 그냥 풀어놓았던, 놀이터처럼 마음이 편한 곳이다. 그러다 보니 아이들도 미술관에 대해 별로 부담이 없다. 어릴 때부터 미술관은 목마르면 음료를 마시고 배고프면 빵을 사 먹고 재밌다 싶은 아이템을 쇼핑하는 곳이었다. 또 책방에는 멋진 그림책들도 눈에 띈다. 특히 미술관 밖 중정 마당과 뒤에 있는 종친회 옛 건물 앞 너른 터는 아이들이 마음껏 뛰어놀기에 더없이 안전하다.

전시를 보느라 층들을 오가다 보면 갑자기 옛 건물이 나타나거나, 푸르른 마당이 등장한다. 툭 트인 천장 높은 공간을 만나거나 답답한 길들을 걷게 되기도 한다. 단조롭지 않아 이곳의 경험은 풍부한 기억을 갖게 만든다. 드러난 곳은 전시 공간과 1층의 몇몇 시설물일 뿐이지만 알고 보면 속속들이 재미난 곳이 많다. 우리가 주로 만나는 곳은 사무동인데, 그 옆 교육동도 있다. 어디 내놔도 손색없는 세련된 디지털 도서관이 있다. 미술 관련 도시와 각종 자료 검색이 가능한 전문 도서관인데도 잘 알려지지 않은 탓에 이 좋은 시설이 참 한적하게 쓰인다.

그 위 아카이브실은 작가들의 도록과 자료를 따로 정리해놓은 보물 같은 곳이다. 아이가 초등학교 고학년 이상쯤 되어 어떤 작가에 대해 좀 더 깊이 알고 싶다면 한번 방문해보는 것도 좋다. 예전에는 3D 프린팅을 직접 해볼 수 있는 팹랩도 지하에 마련되어 전문가가 상주하며 제작을 도와주기도 했다. 작업이 이루어지는 과정 자체를 볼 수 있어 그 하나로 멋진 광경이었는데, 코로나19가 훑고 지나가면서 더 이상 팹랩의 소식은 들리지 않는다.

국립현대미술관은 전국 여러 곳에 자리하고 있는데, 그중 과천관이 어린이미술관을 담당하고 있다. 아이를 어떤 프로그램에 참여시키고자 한다면 과천으로 가야 한다. 과천관은 아시안게임이 있던 1986년부터 덕수궁에 자리했던 국립현대미술관을 대신해 한국을 대표하는 국립미술관의 역할을 담당해왔다. 국립으로서 위용을 갖춰야 한다는 시대적 분위기에 맞춰 규모와 형식을 갖추려다 보니, 서울 중심에는 자리 잡지 못하고 과천의 한적한 터에 자리해 여러 층의 계단을 밟아 올라가야 마주할 수 있다. 그래서 상대적으로 엄격한 분위기가 느껴진다. 또 서울랜드와 서울대공원보다 안쪽에 자리해 접근성이 취약한 편이다.

다만 미술이라는 영역, 그 어떤 새로운 세계로 진입한다는 마음을 다잡고 싶을 때는 주제를 따라, 작품을 따라 아이들과 함께 방문해봐도 좋다. 게다가 어린이미술관을 새롭게 정비하면서 예약이 쉽지 않으니 부지런히 움직여야 한다.

어린 시절 만나는 미술은 꼭 대단한 대작이 아니더라도 동네 마트 가듯 일상에서 쉽게 접근할 수 있어야 한다고 생각하는 나는 굳이 미술 작품을 보진 않더라도 국립현대미술관 서울관에 자주 아이들을 데리고 간다. 어른들만큼 몰입을 기대하기 어려운 아이들은 '쉽게, 두루, 자주' 접하는 것이 더 중요하다고 생각하기 때문이다.

게다가 건물의 사연도 남다르다. 경복궁 동문과 종친부 사이에 자리한 국군기무사령부와 국군서울지구병원터를 조정하여 오늘의 모습을 만들었다. 아이러니하지 않은가? 과거 군사정권 시절 무소불위 권력을 대표하던 곳이 지금은 어떤 곳보다 자유로운 생각과 표현을 상징하는 곳이 되었다는 점이. 그리고 조선 왕조 권력의 정점이었던 궁궐과 그들의 친인척들이 모였던 종친부 사이에 떡하니 이 소리 저 소리 다 할 수 있는 터를 대놓고 만들었다는 점이.

〈주변 살펴보기〉

아이들과 함께라면 삼청동 일대의 크고 작은 갤러리와 오래된 맛집, 그리고 몇몇 박물관도 함께 둘러보길 권한다. 국립민속박물관은 얼마 전 재편한 상설전시도 볼 만하지만, 어린이박물관 역시 아이들에게 인기가 좋다. 예약을 놓쳤다면 야외에 마련된 옛 거리와 놀이터, 그리고 경복궁까지 밖에서 놀기만 해도 좋다.

국립현대미술관에서 나와 북촌 쪽으로 방향을 틀면 우선 학고재 갤러리가 자리하고 있다. 이 동네 터줏대감답게 한옥 지붕에 빨간 벽돌 외관을 한 이곳은 트렌드를 좇지 않는 자기만의 단아한 분위기가 있다. 가볍지 않은 나무문을 두고 삼청동 바깥과 갤러리 내부 분위기는 사뭇 다르다. 한옥 천장 아래에서 만나는 작품들은 화이트 큐브나 차가운 벽들의 공간 속 작품과 다른 느낌이다. 내부 규모도 크지 않아 부담 없이 한 번 둘러볼 만하다.

블루보틀 골목으로 더 내려가면 아트선재센터를 만날 수 있다. 미술과 관계한 인접 분야와 협업하여 새로운 형태를 제안하는 실험적인 전시를 지향하는 곳이다. 마냥 낯설다 생각하지 말고 한 번쯤 들어가 보길 권한다. 아이들을 위한 프로그램을 상시 운영하지는 않지만, 실험적 지향점이 녹여낸 전시와 분위기 자체는 경험할 만하다.

정독도서관은 관학 중등교육이 시작된 역사적인 곳이다. 1900년 조선의 국운이 기울던 당시였음에도 관립중학교를 설립하여 경기고등학교의 전신을 세운 것이다. 그전에는 김옥균의 주택지였고, 이후 서재필과 박제순의 집까지 합쳐 넓은 부지를 마련했다. 이후 몇 번의 이름이 바뀌다 경기고등학교가 되었고, 1976년 강남으로 이전하기 전까지 서울 중심 명문학교로 자리했다. 그래서인가? 건물을 완전히 허물어 새로 짓지 않고 옛 명맥을 이어 공부하고 성장하는 곳으로서 서울교육청의 대표적인 도서관이 되었다. 아이들과는 이곳이 처음부터 도서관이 아니라 학교였다는 점에 포인트를 두고, 안과 밖을 그저 누벼도 좋다. 지금의 학교 생활, 공부하는 공간의 모습, 도서관으로서의 인상 등을 함께 이야기 나눠보자. 멋진 공간에서만 이야깃거리가 있는 게 아니다. 어찌 되었든 지금은 벚꽃이 흐드러지게 피는 봄날 세상없는 포토존으로 자리하게 되었으니, 날 좋을 때 서울교육박물관도 함께 들러 한순간을 담아보자.

서울공예박물관은 비교적 최근에 개관한 인기 만점 박물관이다. 공예라는 특성을 담아 재료마다 다양한 물성을 잘 보여주고 있는 섬세한 감성의 문화공간이다. 특히 어린이박물관 프로그램은 인기 만점이라 예약이 쉽지 않다. 꼭 프로그램에 참여하지 않더라도 이곳 자체가 푸짐한 사연 맛집이니, 미리 한 번 살펴보자. 조선시대 초기로 거슬러 올라가 세종대왕의 아들 중 하나인 영웅대군이 집을 지었던 터였다. 후에 조선 왕실 가족의 제택이나 가례 준비를 위한 장소인 안동별궁으로 쓰였고, 풍문여고로 이어져 공예박물관으로 변용되기 전 70년간 학생들을 키워낸 공간이었다.

정독도서관은 남학생들의 공간, 서울공예박물관은 여학생들의 공간이었다. 시간 차는 있지만 학생들을 키워낸 공간이 이제 더 많은 시민들과 만나는 장소로 변모하면서 공간의 쓰임이 어떻게 달라졌는지, 또 그 속에 변한 것과 변하지 않은 것은 무엇인지, 이곳에 대한 인상은 어떤지 등 다양한 이야기를 삼청동이라는 터에 입혀볼 수 있다. 삼청동을 오가는 사이 크고 작은 골목에서 만나는 집들의 문과 담, 그리고 주인장의 이름이 새겨진 명패나 간판이 주는 재미도 제법 쏠쏠하니, 조금만 걸음을 느리게 옮겨도 좋다.

체력과 시간이 허락한다면 국립현대미술관뿐만 아니라 삼청공원 숲속도서관까지 올라가 보길 권한다. 사실 숲속도서관은 작고 아담해 뭔가 대단하지 않아 보일 수도 있다. 그러나 좋은 공간의 기본을 잘 담아내고 있는 곳이다. 도서관의 본질을 잘 갖추고 있다. 원하는 책을 마음 편하게 자유롭게 읽을 수 있는 곳이다. 자연광이 잘 들어오는 햇볕 바른 공간이 주는 쾌적함, 사람 소리나 책 소리가 부담스럽지 않을 만큼의 적당한 포용력, 원하는 자세로 편히 읽기를 주저할 필요가 없는 편안함 그리고 주변이 숲인 덕에 푸른 환경까지.

아이들은 부담스럽지 않게 도심의 숲속에서 편히 책을 읽다가 지겨워지면 다시 도서관 앞 놀이터에서 실컷 모래 장난을 할 수 있다. 작은 글자와 종이라는 매체로 인해 피곤해진 눈과 마음을 밖으로 펼칠 수 있는 쉼이 가능한 공간이다. 잘 쉬어야 공부도 잘되듯이, 도서관도 쉴 곳을 잘 두어야 함을 이 작은 공간을 통해 생각해볼 수 있다.

서울에서 중심이 되는 몇 곳을 사례로 소개했다. 아이들에게 좋은 공간이 어디 이런 곳들뿐이겠는가? 누차 강조하지만 아이들에게 공간의 힘을 이야기하는 이유는 공간의 모양새나 색상, 재료와 같은 겉으로 드러난 특징과 효과를 설명하기 위함이 아니다. 공간 속에 내재된 의미와 내용들, 맥락과 관계들 속에서 아이의 생각과 시선을 넓히고 키우기 위함이다. 그러니 공간의 특징을 하나하나 개별로 외우거나 단발의 사건으로 끊지 말고, 주변과 함께 시대를 넘나드는 이야기로 만들어 공간에 버무려보자. 전국 팔도강산 곳곳, 크고 작은 생활의 현장 곳곳에서 의미를 되새길 만한 공간들은 많다. 다만 그것을 어떻게 바라보고 아이와 연결할 수 있을지 그 접점을 만드는 일에 관심을 기울이지 못했을 뿐이다. 이제라도 공간을 통해 세상을 바라보는 눈을 틔우고, 마음을 여는 일들에 관심을 가져보자.

아래는 뚜벅뚜벅 자신의 길을 가는 여러분들에게 추천받은 공간들로, 지금 아이를 키우고 있거나 키웠던 경험에서 나온 제안들이다. 공간을 보는 관점이 다를 수는 있겠지만, '아이'를 중심에 놓고 고민했다는 점에서는 우위를 가릴 수 없다. 기회가 된다면 이런 공간을 각자의 이해를 덧대어 아이의 성장에 거름을 주는 경험 쌓기에 활용해보시길.

서울 노을공원 캠핑장 (허작가 story A 관장)

두 아들을 둔 아빠는 서울 강변 주변에 자리한 도심의 노을공원 캠핑장을 꼽았다. '노을'이라는 이름처럼 해가 질 때 예쁘게 물드는 하늘의 노을빛으로 유명하다. 높은 지대에 자리해 시야가 탁 트여 서울 강변 풍경을 펼쳐볼 수 있다. 마음껏 뛰놀 수 있는 놀이터를 비롯해 잘 관리된 캠핑 시설까지 갖추고 있어 인기가 많다. 맹꽁이 버스도 한 번 타보고, 캠핑을 하지 않더라도 나들이 삼아 둘러봐도 좋다.

서울 북촌 한옥스테이 (신태호 ㈜랩엠제로 대표 X 김사라 스튜디오 뮤트 대표)

디자이너 부부는 딸아이를 데리고 묵었던 북촌의 한옥스테이를 꼽았다. 한옥스테이는 유서 깊은 전통 고택의 기풍을 한껏 풍기는 곳부터 서울의 여느 고급 호텔 못지않은 시설을 갖춘 현대식 공간과 서비스를 자랑하는 곳들까지 다양하다. 부부는 북촌에서 고은이라는 곳을 이용했다. 다른 공간들과 분리되어 있는 호텔방과 달리, 한옥은 여러 방들이 연결되어 있어 아이가 자유롭게 이곳저곳 다니며 공간을 즐겼다고 한다. 마루에 엎드려 그림을 그리고 즐겼던 아이의 모습을 떠올리며 부부는 원픽을 외친다.

양주 송암 천문대 (이화연 SPACE 기자 X 김용경 현대무용가)

공간을 전문으로 다루는 기자 딸과 자유로운 몸짓이 자연스러운 현대무용가 어머니와의 대화 속에서 추천된 공간이다. 평소 엄청난 감수성으로 무장한 모녀이기에 천문대를 추천할 거라고 생각하진 못했는데, 역시 다양한 장르와 영역의 공간에서 영감을 받고 있었다. 두 사람의 이야기에서 송암 천문대는 이랬다. 아이들은 천체 망원경을 통해 낯설지만 알고 싶은 세상을 내다볼 수 있었고, 부모는 카페나 갤러리에서 시간을 보낼 수 있었는데, 모두에게 주는 만족도가 있어 구성이 참 좋다는 생각을 해보게 되었다고. 아이를 데리고 다닐 때 의미 있는 공간도 물론 중요하지만, 아이를 잘 챙겨야 하는 입장에서 무엇보다 주차가 한몫했다는 팁까지 얹어주었다. 사실 어디를 가든 엄마의 짜증 게이지를 낮추고, 편한 마음을 유지해야 아이와의 나들이도 수월해진다. 너무 상식인데, 그 상식이 참 어렵다.

장흥 가나아트파크 어린이미술관 (임나리 워드앤뷰 대표, 콘텐츠 디렉터)

딸들과 함께 전국 각지 의미 있는 공간을 찾아 콘텐츠로 담아내는 엄마의 추천지 중 하나다. 미술관인 줄 모르게 미술관 하는 미술관이라고나 할까? 미술을 대하는 주된 방식을 '놀이'로 삼아, 감각하고 즐기고 느끼는 그 자체를 경험할 수 있다. 아이들을 대상으로 한다는 이유로 환경 그 자체를 유치하게 만들지 않았다. 작품과 예술을 대하는 아이들의 방식을 이해하고 조성한 미술관이다. 여러 개의 실내 공간에 너른 야외 공원이 조성되어 어린아이를 동반한 가족 단위 방문객이 많은 편이다.

남양주 스페이스원 모카 가든 (이희진 sonolee 대표, 홍익대 산업디자인학부 교수)

머리부터 발끝까지 타고난 멋이 넘치는 엄마는 어린 딸과의 데이트가 즐겁다. 모카(MOKA)는 어린이를 위한 공간으로 하이메 아욘의 디자인으로 유명하다. 주변에 어린이를 위한 도서관, 가든, 놀이터와 같은 문화공간이 한데 어우러져 있다. 기존의 어린이 공간 특유의 한계나 틀을 깨는 디자인을 보여줄 뿐만 아니라 아이들에게 자극을 줄 수 있는 디자인으로 색다른 환경을 제공한다.

원주 뮤지엄 산 (백종환 WGNB 대표, 디자이너)

이미 아이들의 어린 시기를 다 보내고 돌이켜 생각해보며 추천한 공간이다. 숲이 품어낸 멋진 입지를 자랑한다. 휴식을 누릴 수 있는 공간을 지향하며 '소통을 위한 단절'이라는 슬로건을 내걸었다. 일본의 건축가 안도 타다오가 구현한 국내 대표 건축 중 하나이기도 하다. 숲속 넓은 대지 위에 배치된 개성 있는 여러 동의 건축물은 서로 공간의 성격과 내용도 다르지만 이질적이지도 않다. 콘크리트 공법으로 유명한 뮤지엄 산에는 원주에서 구르고 자리했던 돌들을 적극 사용했고, 외부의 자연을 내부로 적극 끌어다 놓는 차경 기법을 두루 활용했다.

평택 아르카북스 (모리나 momowa 대표)

인생을 모험 정신을 펼쳐내는 도화지로 삼아, 살고 싶은 대로 살아가는 두 아이의 엄마는 평택의 아르카북스(책과 노니는 집)를 추천해주었다. 선생님 부부가 운영하는 곳으로, 책이라는 중심 매개물이 자리한다. 얼마든지 책을 자유롭게 읽어도 좋고, 숙박 예약을 할 수도 있다. 주변은 생태습지와 호수로 둘러싸여 있어 청정 지역의 정서적이고 맑은 분위기가 배어 있다. 책방이면서 숙박도 가능한 곳이다. 아이들을 위해 마련된 다락방은 특색 없이 네모난 방들에서 벗어나 있어 이색적인 경험을 가질 수 있다.

판교 현대어린이책미술관 (최미옥 국립민속박물관 학예사, 《뮤지엄 X 여행》 저자)

스스로 워킹맘이라 아이를 많이 데리고 다니지 못하는 아쉬움이 있다는 엄마이지만, 사실 세상 좋다는 명소는 두루 많이 다녀본 박물관계 대표 명사다. 그런 그녀는 판교 현대어린이책미술관을 추천했다. 일상 교육과 연계해서 접근성이 좋고 전시 테마도 좋기 때문이다. 개관 당시 어린이를 대상으로 한 공간을 선도할 만한 구성이나 표현력으로 유명세를 얻었다. 이후 멋진 공간 디자인이 주는 순간의 반짝임에 그치지 않고 '그림, 책'이라는 대상을 연계한 양질의 전시와 프로그램을 꾸준히 발표해 여전히 인기 만점인 공간으로 주목받고 있다.

진주 월아산 숲속의 진주_우드랜드 (김현묘 초등학교 교사)

개성 넘치는 세 아이와의 외출에 거침이 없는 엄마가 이번에는 진주 월아산을 찾았다. 최근 다녀온 곳 중 만족도가 매우 높았다는 평과 함께 체험에 초점을 두고 이곳을 추천해주었다. 월아산에 지어져 아이들에게 자연 친화적인 환경을 제공하는 복합 산림복지시설 중 하나다. 나무라는 소재로만 놀고 만들어볼 수 있을 뿐만 아니라, 자연물을 통해 다양하게 생각하고 창작물을 만드는 새로운 경험을 해볼 수 있다. 주변에 목재를 활용한 놀이터와 산책로, 공원, 그리고 도서관도 운영하고 있다.

부산 황령산 봉수대 야경 (김정 《딸, 엄마도 자라고 있어》 저자)

부산에서 글 쓰는 일을 하며 두 아이를 키우고 있다. 글 쓰는 엄마의 감성으로 추천한 부산의 장소가 여럿 있는데, 그중 황령산 봉수대는 아이들이 직접 꼽은 곳이라며 추천해주었다. 사방으로 내려다보이는 부산의 야경이 일품인 곳으로, 해지기 전 밝을 때 올라 해지면 내려오는 곳이다. 아이들은 그곳을 오르락내리락하면서 돌아다닐 뿐인데도, 그 자체로 참 좋은 공간이라고 느껴지나 보다. 어떤 공간이든 자신을 멋지게 보이게 하는 순간이 있기 마련인데, 봉수대는 저녁이 그런 때인 듯하다.

제주 화순곶자왈과 화순담수풀장 (원영지 한샘 MD)

두 아이를 데리고 제주 1년 살기를 감행한 용기 있는 엄마다. 제주 생활의 노하우에서 발견한 곳들을 추천해주었는데, '세상에 널리 알려지는 게 아까운'이라는 첨언에 진심이 담겨 있다. 화순곶자왈은 어린아이들도 걷기에 무난한 규모와 난이도를 가지고 있고, 방목된 소가족들도 등장해 아이들에겐 생경하지만 의외의 만남이 기대되는 곳이다. 화순담수풀장 역시 지하수와 바다의 경계가 만들어내는 시원함과 재미가 쏠쏠하다고 하니 아이들과 함께 색다른 시간을 만들어볼 수 있다.

북큐레이션 • 아이의 인생을 다채롭게 만들어 주고 싶은 부모들을 위한 책
《아이의 인생을 결정하는 공간의 힘》과 함께 읽으면 좋은 책. 아이는 부모가 이해와 공감
으로 사랑을 줄 때 자신의 길을 당차게 찾아 나갈 수 있습니다.

아이와 함께
해볼 수 있는 일상
교육 사례 수록

엄마의 라이프스타일,
아이의 미래가 되다

김은형 지음 | 14,500원

**내 아이를 똑소리 나는 인재로 기르는
라이프스타일 에듀 프로젝트**

반인반폰, 포노 사피엔스들의 시대에 부모 세대의 성공방정식은 더 이상 통하
지 않는다. 아이들은 비단 학교에서만 배우지 않는다. 새 시대에는 부모의 삶
과 라이프스타일 그 자체가 아이의 교과서가 된다. 30년간 교육 현장에서 온
몸으로 변화를 이끌어온 '스쿨 혁명의 아이콘' 교사 김은형이 '삶으로서의 교
육, 교육으로서의 삶, 일상이 교육이다!'라는 철학 아래 미래형 교육법을 제
시한다. 성공하는 사람에겐 성공하는 라이프스타일이 있다. 당신의 라이프스
타일을 바꾸는 것만으로도 아이와 세상을 변화시킬 수 있다.

아이의 가능성을
키우고 싶은 부모를
위한 코칭 30

슬기로운 부모 수업

구은미 지음 | 14,000원

**'당신은 부모인가, 양육자인가?'
부모가 바뀌어야 아이의 인생이 달라진다!**

오랫동안 부모 교육 강사로 활동하며 엄마 선생님으로 불리는 저자가 내 아
이를 잘 키우고 싶은 3040 부모들에게 필요한 자녀교육법을 알려준다. 저자
는 바쁘다는 이유로 아이와 같이 시간을 보내지 못했던 부모들에게 아이의 인
생에 기적을 일으키는 방법은 아이와 함께 의미 있는 시간을 보내는 것이라고
말한다. 또한 아이를 부모의 틀에 맞춰 키울 것이 아니라 아이가 잘하고 즐기
는 것은 무엇인지 찾아내 키워주어야 한다고 조언한다. 초등학생부터 사춘기
자녀를 둔 부모들의 양육 고민을 해결해주는 책이다.

가족과 함께하는
감정 놀이 수록

최고의 부모

주경심 지음 | 17,000원

**20세기형 부모로는 21세기를 살아낼 수 없다
우리의 자녀들을 지키려면 부모가 달라져야 한다!**

이 책은 부모의 가치관을 점검하고 지도자가 아닌 부모가 되어주는 방법, 아이가 지혜를 얻고 스스로의 본질을 깨닫는 방법, 우리 아이가 21세기에 맞게 미래를 준비하는 방법 등을 담고 있다. 아울러 아이들의 표현법을 똑바로 이해하고 마주하는 방법도 담았다. 우리 아이가 주도적으로 자신의 미래를 만들어나가고 빠르게 변해가는 세상에 자신만의 '문제해결력'을 가지고 살아가길 바란다면 이 책을 통해 21세기에 맞는 부모 역할에 혁명을 일으켜야 한다! 최고의 부모가 되는 '혁명'은 여기서 시작된다!

학년별 대입
포트폴리오 수록

세상 쉬운 우리 아이 진로 진학

차현정 지음 | 16,000원

**4차 산업혁명 시대, 부모가 물려줄 수 있는
가장 위대한 유산은 자녀의 '재능 키우기'다!**

17년간 사교육 현장에서 아이들을 가르치고 입시 컨설팅을 해온 저자는 초등학교부터 아이들의 재능을 발견하고 이를 진로와 진학에 연결시키는 방법을 안내한다. 저자가 강조하는 것은 부모가 자녀의 적성 및 성향을 파악하고 내 아이의 고유한 재능을 발견해서 이를 진로와 진학에 맞게 키우고 개발해주는 일이다. 초등학교 때 아이의 재능을 키워줄 수 있는 씨앗을 심고, 다양한 경험을 통해 유능감을 발달시켜 재능을 꽃피운다면 다가올 대학 입시에서는 내 자녀에게 맞는 학과와 진로를 현명하게 선택할 수 있는 길이 열린다.